岡山・廣島
慢旅行

附：
姬路・直島
岩國・松山

作者 **牛奶杰**

遊玩鐵則

●尊重當地文化

雖然台灣跟日本很近，也有些歷史關聯，但畢竟是不一樣的國度，仍有些社會人文風俗不盡相同。無論如何，入境隨俗，到了當地就請尊重人家的做事方法吧。

●主動詢問共食

部分讀者為了品嚐更多美味料理，會希望在餐廳「共食」，也就是兩人或多人只點 1 份餐。如有該想法，宜在入門時就先詢問。若對方拒絕也別強求，看看要不每人都點，或改為外帶。但要提醒，部分店家為堅持餐點新鮮與風味，恕不提供外帶或打包服務。

●無法赴約務必取消

日本多數的店家，至今仍不收取預訂費用，因為他們相信人與人之間的「誠信」：客人如果預約了，就一定會赴約。但如此一來，倘若客人爽約未現身，店家便得承受損失！遊客若無法履行各種事先的約定，應盡早取消。若因此產生違約費用，也應主動設法支付。

●誠實為上不鑽漏洞

遊客訪日期間，會接觸與使用各種企劃票券。這些產品的設計，皆以讓遊客能玩得更盡興，負擔也能降低的觀點出發。但因相信人性本善，所以防弊機制常未盡周全。有些景點雖然售票，但不剪票管制，遊客應秉持性善初衷出遊，別鑽漏洞貪小便宜喔！

●不為別人添麻煩

日本人最常被形容的民族特性，應該包括「不為別人添麻煩」這點吧。凡事謹慎不造成其他人的困擾，是日本民眾常見的人際互動原則。但這不表示遇到問題不能提問，讀者在旅行期間倘若遇到困難，或感覺權益受損，還是要即時提出反應。

●為自己創造小確幸

旅人難得出國，不妨在行程中為自己添加一些小確幸，犒賞一下自己。該花的費用不要省，有體驗活動的機會別放棄，每日行程別排太滿，要保留讓自己休息或喝杯咖啡的時間！

日本出遊行前Q&A

Q. 到日本自助旅行安全嗎？

A. 日本的治安基本上相當安全，別因推理小說或漫畫，就以為會常發生刑案。不過「防人之心不可無」仍是出門在外的圭臬。

Q. 怎麼知道哪裡好玩？該去哪裡玩？

A. 牛奶杰覺得日本沒有「必去」或「不去一定會後悔」的地方！哪裡好玩，哪些地方值得去，應由旅人作功課後判斷。書本、雜誌、網路、業者的相關文宣，都是獲取資訊的管道。

Q. 日本自助旅行的資訊會不會很難找？

A. 日本的景點、店家、交通業者幾乎都有網站或FB，各地也常有觀光協會等單位，可說是自助旅行資訊非常充分的國度。而且觀光客會拜訪之處，應該都已有國人足跡，不難獲得訊息。

Q. 怎麼知道該如何前往某地點？

A. 各景點或店家的官網，都會有「アクセス」(access)項目，說明前往該處的交通方式，這可說是官網最重要的頁面！讀者閱覽access訊息，再到時刻表網站以剪下、貼上查詢搭車的方法與費用，行程就排好一半了！

Q. 到了當地怎麼找方向？

A. 找方向的方法，不外乎看引導指標、看地圖、問人等幾種。若在觀光名勝，跟著人潮走也是一招。擔心迷路者，不妨以手機開Google地圖的導航功能(需網路漫遊，P.28)。問路時，直接秀手機畫面給對方看，可讓溝通事半功倍。

目錄 CONTENTS

64 岡山

作者序

多年前，在我還沒開始寫旅遊書的階段，有一回自助旅行，就是專程前往岡山與廣島這兩個地方，從廣島空港進出，全程集中在兩縣的範圍。相對於當時日本的跟團產品與自助旅行分享文多半仍集中在大都會區，那趟行程的經驗讓我印象深刻、意猶未盡。對於山陽地區的關注，也一直持續到現在。

當得知太雅出版社有意打造一本鎖定「岡山與廣島」的旅遊新書時，我幾乎不加思索就接下這份任務。

廣島是歷史課本不會忽略的地點，還擁有日本最大規模的路面電車系統！宮島的海上鳥居、尾道的山城海景、島波海道的熱血騎乘，以及吳港的船堅砲利，也都是很值得深入探訪的題材。尤其見到居民如此熱烈支持著廣島東洋鯉魚隊，更讓我著迷於這座「山陽一哥」的城市與周圍地區。

此外，與廣島常有兄弟之爭的岡山，它本身的城堡、路電、晴之國、桃太郎、倉敷老街，以及事先就知道挑戰難度頗高的備後松山城，都是我很感興趣的旅遊與撰寫題材（後來發現銅屋村的造訪難度也不低呢）！

儘管過去就曾籌備過山陽地區的企劃，但要將範圍調整聚焦於岡山與廣島，並實際飛往當地重新取材和寫作，到最後付梓印刷仍花了兩年多的時間。回頭想想有些不容易、但也是相當多采多姿的回憶，是很棒的寫作經驗呢！

這本書能順利完成，要感謝編輯團隊的焙宜與怡靜、美編淑瑩，以及工作夥伴們的協助，同時也謝謝家人們的持續支持。如今已滿4歲的女兒，在2歲多時也曾跟著我們一同拜訪下津井，還趁著颱風來襲前把握時間取材，過程不哭不鬧不喊累，是很棒的旅遊夥伴呢（當然，媽媽在這過程中也很辛苦呢）。

希望我對岡山與廣島的喜愛，能藉由這本新作分享給讀者，讓大家在準備自助之旅時能事半功倍，規畫得很輕鬆、但玩得很盡興喔！

關於作者

牛奶杰

七年級生，不敢自稱文青、對很多事也一竅不通，但喜歡觀察日本的人、事、物，在意歷史與傳統文化對現今日本生活的影響。旅行足跡踏過日本47個都道府縣，有時為了書裡需要一張景點翻修後的照片，又會風塵僕僕重遊故地。對旅程中碰到的火車、飛機與大眾交通工具也很感興趣！

2008年起，在網路上耕耘「杰宿 絮語」與「杰水 輕喃」兩個部落格，與「杰水 輕喃 x FB」粉絲頁，分享旅行中的趣味，且常嘮叨一些老故事。

至今已出版《開始在日本自助旅行》(太雅出版)、《1張鐵路周遊券玩遍四國》、《明治維新150年散策》、《明治維新150年散策 II》與《鐵道旅人走進北海道》(出色文化出版)，以及《跟著鐵道達人輕鬆玩日本》(光現出版)等作品。

杰水 輕喃 http://starscreek.pixnet.net
杰水 輕喃 x FB https://www.facebook.com/sssscreek/

編輯室提醒

出發前，請記得利用書上提供的Data再一次確認

每一個城市都是有生命的，會隨著時間不斷成長，「改變」於是成為不可避免的常態，雖然本書的作者與編輯已經盡力，讓書中呈現最新最完整的資訊，但是，我們仍要提醒本書的讀者，必要的時候，請多利用書中的電話，再次確認相關訊息。

資訊不代表對服務品質的背書

本書作者所提供的飯店、餐廳、商店等等資訊，是作者個人經歷或採訪獲得的資訊，本書作者盡力介紹有特色與價值的旅遊資訊，但是過去有讀者因為店家或機構服務態度不佳，而產生對作者的誤解。敝社申明，「服務」是一種「人為」，作者無法為所有服務生或任何機構的職員背書他們的品行，甚或是費用與服務內容也會隨時間調動，所以，因時因地因人，可能會與作者的體會不同，這也是旅行的特質。

新版與舊版

太雅旅遊書中銷售穩定的書籍，會不斷再版，並利用再版時做修訂工作。通常修訂時，還會新增餐廳、店家，重新製作專題，所以舊版的經典之作，可能會縮小版面，或是僅以情報簡短附錄。不論我們作何改變，一定考量讀者的利益。

票價震盪現象

越受歡迎的觀光城市，參觀門票和交通票券的價格，越容易調漲，但是調幅不大(例如倫敦)，若出現跟書中的價格有微小差距，請以平常心接受。

謝謝眾多讀者的來信

過去太雅旅遊書，透過非常多讀者的來信，得知更多的資訊，甚至幫忙修訂，非常感謝你們幫忙的熱心與愛 好旅遊的熱情。歡迎讀者將你所知道的變動後訊息，善用我們提供的「線上回函」或是直接寫信來taiya@morningstar.com.tw，讓華文旅遊者在世界成為彼此的幫助。

太雅旅行作家俱樂部

如何使用本書

行程規畫

　　針對不同的旅遊天數，安排了四日、五日、七日及1日來回的行程，並貼心地規畫了路線的交通方式、景點、時間等詳細說明。

後樂園
停留1小時
🚌 ↓ 搭路線巴士10分鐘

詳細的交通方式及所需時間

🚶 ↓ 步行5分鐘
下津井夕陽、眺望大橋
停留1小時

每個景點皆有停留時間建議

特集報導

　　特色主題列車、吹屋銅屋村、日本國產牛仔褲、午睡公主之旅、瀨戶內國際藝術祭、廣島東洋鯉魚隊、鳶島海道之旅……等等，本書共有10個專題報導，作者以主題切點作介紹，讓讀者不僅到此一遊，更能從中了解歷史、典故、延伸性話題。

資訊小專欄

　　本書內容穿插有不同的小專欄，包括小提醒、小錦囊、豆知識，有的是旅遊至此的實用旅行撇步，有的是作者個人的實戰經驗分享，或是針對此景點額外補充的知識，都是讀者可延伸閱讀及實際旅遊時可多加應用的資訊。

小錦囊
關於周遊券二三事
在日本自助旅行時，有些周遊券一定得在海外先向旅行社購買，入境後反而沒辦法買的情況，這點自助玩岡山就需格外小心留意！不過JR西日本的企劃票券有預購優惠價，另提醒，部分景點當地購有入場名額限制，如：MAZDA博物館，地中美術館等，若欲前往參觀，記得事先打聽喔！

小提醒
免稅品項不如大城市多
　　岡山機場的國際線候機室空間相對狹小，管制區內雖然有免稅店，但銷售品項不若東京、關西、中部、繩岡等一線機場完整。要採購指定品的讀者，可能得事先打聽喔！

豆知識
所費不貲的學生制服
　　華麗美觀又剪裁的日本學生服裝，到底要價多少錢呢？根據學生服NIPPI龍的價格標示，一套男生的高中制服約在¥20,000～¥30,000。
　　而據2016年度的統計，高中學生男女制服的平均價格約為¥32,000～¥33,000，約和台幣10,000元的價位。若和一般便服相比自然是所費不貲，但作為一套代表身分的正式服裝，不曉得讀者們覺得貴不貴呢？

交通方式表格化

　　本書除了有詳盡解析岡山與廣島的聯外與聯內交通外，每個城市的交通單元亦有完整解說，且為了讓讀者了解多種方案選擇，皆以表格或條列方式讓讀者一目了然。但資訊常會因時間不同而有異動，出發前最好再進入官方網站或致電確認喔！

QR Code地圖隨身帶著走

　　本書地圖除了有岡山及廣島的電車路線圖外，更有專為讀者製作地圖 QR Code，並在書末設有可撕剪下來隨身攜帶的頁面，讓你輕輕一掃隨處走。

景點特色標式

　　每個景點皆輔以文字及圖片深入淺出的介紹，並對於有特別代表的項目，會以 icon 標式於景點名稱上，包括：賞櫻名所、賞楓名所、史蹟名勝、文化資產、電影場景、電視劇場景、安藤忠雄作品。

本書使用圖示說明

✉ 地址	$ 營業時間	➡ 交通指引	http 網址	🚲 腳踏車	🚌 巴士	⛴ 渡輪
📞 電話	🕐 價錢	⏱ 停留時間	⁉ 注意事項	🚈 地鐵或電車	🚠 纜車	🚶 步行

岡山與廣島是日本山陽地方的兩個縣分，
緊依在瀨戶內海北岸，
擁有豐富的自然景觀與人文歷史等觀光資源，
絕對值得旅人專程造訪！

岡山廣島風情話

十二大推薦景點

● 倉敷美觀地區

美觀地區的老街與運河，是倉敷最引人入勝的亮點。詳見 P.101

● 兒島鷲羽山下電旅館

下電旅館擁有自己的海灘，還有觀海露天溫泉可享受。詳見 P.106

● 兒島鷲羽山展望台

鷲羽山可以同時欣賞夕陽與瀨戶大橋的景致。詳見 P.130

● JR宇野線八濱站

JR 宇野線途中的藝術車站，讓搭車的過程多了些驚喜。詳見 P.134

● 岡山吹屋銅屋村

深山中的「吹屋」地區，以紅色的傳統老街著稱。詳見 P.92

● 高梁市立圖書館

委託蔦屋書店經營的高梁市立圖書館，是當地的新興景點。詳見 P.86

● 廣島吳港

吳港為重要的軍港，港口設施與歷史故事吸引著旅人造訪。詳見 P.170

● 宮島嚴島神社

嚴島神社建於海中的鳥居，是具有日本代表性的景觀。詳見 P.212

● 廣島MAZDA棒球場

MAZDA球場為職棒廣島鯉魚隊的主場，熱力沸騰。詳見 P.163

● 廣島和平紀念公園

廣島市中心的廣島和平紀念公園，敘述著二戰的悲壯歷史。詳見 P.157

● 廣島鞆之浦

鞆之浦是瀨戶內海昔日的要津，也被多部電影選為取景處。詳見 P.201

● 廣島尾道

山海相依的尾道，是貓城同時也是自行車運動勝地。詳見 P.184

全年節慶大事紀

位於山陽地方的岡山與廣島，冬天位於冷高壓的背風處，平地較少降雪，一年四季皆適合造訪，平均溫度約在1月的3度至8月的32度間。

全年節慶與活動大事一覽表

	岡山縣	廣島縣
1月	1日：鳥城初夢祭	
2月	中旬：西大寺會陽裸祭	第二個週六：宮島牡蠣節
3月	3日：桃花節 (女兒節，階梯擺人偶)	3日：桃花節 (女兒節，階梯擺人偶)
4月	賞櫻季節	賞櫻季節 黃金週：廣島鮮花節
5月	5日：兒童節 (懸掛鯉魚旗) 稻荷參 (とうかさん)	5日：兒童節 (懸掛鯉魚旗) 中旬：世羅紫藤園盛開
6月		第一個週五：稻荷參 (とうかさん)
7月		26日：住吉祭
8月	上旬：岡山桃太郎祭 中旬：盂蘭盆節 夏季烏城燈源鄉 夏季幻想庭園 (通常為8月1日～31日)	6日：和平紀念儀式與燈籠放流 中旬：盂蘭盆節、三原YASSA祭、宮島水中焰火大會 下旬：因島水軍花火大會
10月	吉備津彥神社流鏑馬神事	西條酒祭 下旬：竹原竹燈祭
11月	賞楓季節 15日：七五三節 秋季烏城燈源鄉 秋季幻想庭園 (通常在11月中旬為期9天) 岡山馬拉松 (報名約在4月中旬)	賞楓季節 上旬：尾道鬼神祭 (ベッチャー祭り) 中旬：廣島夢幻彩燈節 15日：七五三節 17日：胡子大祭
12月	最上稻荷神社焚火大祭	

備註：從年底聖誕節到元月初為新年返鄉期間，各種交通工具的搭乘人數會較多，許多景點與店鋪會在12月31日至隔年1月3日間休息。4月底的黃金週、8月中旬的盂蘭盆節也是交通旺季。學生暑假多在7月20日～8月底間。

1 4 11月中的「七五三節」是請神祇保佑孩童的日本獨有節日 **2** 11月造訪山陽，正是楓葉轉紅的時間 **3** 3～4月為山陽地方的賞櫻季節

認識岡山與廣島

　　岡山縣與廣島縣是位於本州島西部的兩個相鄰縣分。岡山市距離西日本最主要的都會區大阪約有 180 公里，新幹線車程需 45 分鐘；到東京則有 610 公里遠，新幹線最快約 3.5 小時。廣島市則在岡山市的西側約 160 公里處。

　　若將兩縣的面積與人口統計數字合併計算，人口密度約為每平方公里住著 303 人，密度不及台灣的一半，整體而言屬於已開發但不擁擠的環境！

　　兩地擁有山、海景觀，歷史底蘊深，人文與自然資源豐富，很適合作為觀光遊覽之處。

岡山與廣島相對位置圖

從古國名看岡山與廣島

如今的岡山縣，過去大致屬於美作國、備前國、與備中國的範圍，而廣島縣則繼承了備後國與安藝國。

這些古國名現今仍常見到，JR的車站名常會加上古國名；岡山的「兩備巴士」公司名也來自備前與備中的合稱。位於備後國的福山市，如今雖然屬於廣島縣，但居民生活常跟昔日同屬備州的岡山往來密切，慣用方言也與廣島市略有不同。

合稱「備州」的備前（びぜん，Bizen）、備中（びっちゅう，Bitchu），與備後（びんご，Bingo）3 國，是由更早期的「吉備國」拆分的。3 者的漢字看來相同，但彼此發音略有差異。備後的「Bingo」與「賓果」遊戲的拼法相同，格外逗趣。

毛利家三矢之訓

毛利家在戰國時代原本只是安藝國的小規模勢力，在 16 世紀經毛利元就領導逐漸壯大，統一了安藝，更藉由消滅大內家與尼子家，而讓毛利家的影響範圍擴及山陰地方與九州的一部分，成為西本州地區的一大勢力。

在民間故事中流傳著毛利元就的「三矢之訓」，指說他召集了 3 個兒子，提醒他們若 3

支弓箭團結在一起，就難以被折斷。這 3 子藉由繼承本家與旁家的方式，組成「毛利兩川」的堅強體系，長子毛利隆元、次子吉川元春、三子小早川隆景合力延續毛利家的勢力。

戰國征伐

織田信長指派羽柴秀吉征伐中國地方，在 1570 年後期與毛利家正式交鋒。不過到了 1582 年，原本由明智光秀率領的援軍在京都發動「本能寺之變」反叛，逼迫信長自刎！

羽柴秀吉旋即與毛利輝元議和班師回朝，一方面要為主君信長報仇，二方面則為接收織田家的影響力。羽柴秀吉就是日後成為天下人的豐臣秀吉，毛利家藉此免去與織田家或豐臣家對決的局面。

另一方面，備前國與備中國分別為浦上家與三村家的勢力範圍，出身浦上家的宇喜多直家在 1569 年自立，1573 年入主岡山城，兩年後已掌握備前、備中、與美作的部分地區。

面對羽柴秀吉率領織田大軍來襲，宇喜多直家決定臣服，並解除和毛利家的同盟關係，開始與之作戰。其子宇喜多秀家與日後歸順豐臣家的毛利輝元，加上德川家康等人同為「豐臣五大老」。

大局底定

戰國後期的 1600 年，德川家康在關原之戰後成為新霸主，中國地方鄰近近畿，成為德川家康分封功臣的主要區域。眾臣藉由德川賞賜，得以修建大型城堡與威權象徵的天守（日本城堡中最高、最主要、最具代表性的部分，具瞭望、指揮的功能），使中國地方名城林立。

從姬路城開始往西，大型城堡如津山城、岡山城、福山城、廣島城、松江城與萩城等。除萩城外，目前都有大型天守或櫓（日本城堡建築中的箭樓、望樓或高台），開放民眾參觀。

■1 岡山城有山陽地區具有代表性的大型天守 ■2「備後」的羅馬拼音正巧就是 Bingo ■3 毛利家曾為掌握西本州地區的最大勢力

地理

中國與山陰山陽

以慣用的地理區域分界來看，日本對於「關西地方」（或稱「近畿地方」，相當於京阪神都會區）以西的土地，統稱為「中國地方」。

這裡的「中國」並非「CHINA」，而是以朝廷所在的「畿內」為核心畫同心圓，指比「近國」稍微遠一些，但又沒有到「遠國」那麼遠。依現行的行政區自治體（各級地方政府）來看，包括山口縣、島根縣、鳥取線、廣島縣，與岡山縣等縣分。

本州島在中國地方的範圍，大致呈東西橫向排列，並由橫亙在中間的山脈（中國山地）阻隔，分為南北兩側。以中國地理「山南水北為陽」的概念，中國山地以南稱為「山陽地方」，北側則是「山陰地方」。

因此，「中國地方」與「山陰山陽地方」兩者所指範圍原則上是相同的。實務上會有一些得強調地理範圍的業者，在公司行號的名稱會加入「中國」，例如負責本地供電的「中國電力」，又如 JR 西日本旗下有稱為「中國 JR 巴士」（中国ジェイアールバス）為子公司，還有發跡於此的「中國銀行」。

中國山地的群山高度約在海拔 1,000 ～ 1,300 公尺，是山陰與山陽的分水嶺，也切割出截然不同的氣候區。具有連結山陰與山陽功能的道路或鐵路，稱為「陰陽連絡線」，看到這樣的稱呼請不要被嚇到了！

■1 由岡山起家的「中國銀行」，要前往「中國」設海外機構時還為名稱問題困擾許久 ■2 穿越中國山地的「陰陽連絡線」鐵路，在冬季常有機會見到降雪

四國與瀨戶內海

在山陽地方的南側，有隔海相望的四國島，亦稱為「四國地方」。中國與四國的關係相當緊密，許多物產資源也會彼此流通。兩者間包夾的海域便是「瀨戶內海」，是一塊風浪相對平穩的水域，有利於造船與航運業發展。

瀨戶內海猶如日本的地中海，風浪相對和緩，有許多島嶼坐落其中，這樣的地理環境造就岡山與廣島兩地除了陸地上的觀光資源外，也有許多跟海島有關的景致與樂趣。

日本人充分利用這些散布於海中的島嶼當支柱，設置了3條穿過瀨戶內海的通道，其中兩條連結中國與四國，其一由廣島縣尾道市到愛媛縣今治市，除了設有高速公路，還可以騎腳踏車或步行渡海，也就是著名的「島波海道」。

另一路線由岡山縣兒島市至香川縣的坂出市，為鐵路與高速公路的組合，是目前唯一可以從本州搭火車到四國的途徑。其本州端的轉運節點就是 JR 岡山站。

在中國山地以南到瀨戶內海的山陽地方，地形以平原和矮丘陵為主，是一塊依山面海的狹長走廊，鄉村農產富饒，城市地區的工商業發達。岡山與廣島兩地在某些場合常會兄弟鬩牆，比比看誰較有資格代表山陽地方發言！

1 瀨戶內海周邊居民生活，與海的連結相當緊密 2 「島波海道」是唯一可騎腳踏車連結本州與四國的途徑

山陽特集
兩縣特色比一比

岡山與廣島的兄弟之爭

同樣位於山陽地方的岡山與廣島，是彼此競爭的兄弟，來看看它們的比較吧！

岡山 vs. 廣島比一比

	岡山	廣島
	岡山縣	廣島縣
面積	7,112 平方公里	8,480 平方公里
人口	190 萬人	282 萬人
縣治所在地	岡山市	廣島市
面積	790 平方公里	906 平方公里
人口	72 萬人	120 萬人
相似處	縣治、市內交通以路面電車與路線巴士為主、行政上已列為政令指定都市 (廣島市 1980 年 4 月、岡山市 2009 年 4 月)	
知名品牌原點	倍樂生：Benesse 為大型的函授教育與出版業，旗下的「可愛巧虎島」系列在幼教界頗具盛名外，同時也跨足成人教育與英語教育產業等。 mt 紙膠帶：mt 為「カモ井加工紙」的產品，是文青玩家們熱愛的紙膠帶領導品牌，其本社與工廠設在倉敷。除了 mt 外，倉敷當地也有多家業者生產紙膠帶。	大創：知名的百元商店業者，雖然首家門市開在四國的高松，但公司本身設於廣島。 馬自達：日本五代汽車製造商之一，單是位於廣島的本社工廠，面積就有一個新北市板橋區這麼大，部分車輛從工廠生產後直接上船運銷海外。 福山通運：在日本業界僅次於大和運輸 (黑貓宅急便)、佐川急便、日本郵便、西濃運輸後的第五大宅配業者，具全國知名度。 youme(ゆめ)：本地起家的量販業者，總部設於廣島市，首間大型店 youme town 開在岡山的高梁市，目前約 150 家門市多分布於中國地方，並擴及兵庫縣與九州北部。

廣島的優勢

山陽地方如果從西到東排列，包含山口縣、廣島縣與岡山縣。就位置來看，廣島位於山陽地方的中心，由廣島市到山陽地方的左右邊界，距離分別約 150 與 175 公里。

由於地理位置與人口數之故，許多以中國地方為主要服務範圍的業者，會將辦公地點設於廣島市，例如負責電力供應的「中國電力」就將總部設在廣島。

山陽新幹線的路線與列車經過兩地，皆設有車站。不過在新幹線車廂內提供的主要城市天氣預報，會有大阪、廣島與福岡的訊息，但略過了岡山。

廣島在 1994 年成功辦過亞運，更一度打算與長崎協力申辦 2020 年奧運，但於 311 日本大地震後改選新市長決定放棄。此外廣島有一支歷史悠久的本地職棒球團：廣島東洋鯉魚隊，這點是岡山沒有的。

小錦囊

岡山的絕佳優勢：鐵路網中心

儘管岡山的城市規模小輸廣島，不過岡山有一項交通優勢，是廣島望塵莫及的！

鐵路岡山站除了有 JR 山陽新幹線與 JR 山陽本線兩條大動脈通過外，往北可透過已電氣化的 JR 伯備線連結山陰地方，往南則由 JR 瀨戶大橋線直通四國地方的四大都邑。因此就旅人的行程安排來看，在岡山進進出出的機會可能會高於廣島喔！

讀者可依假期長短，
決定在岡山與廣島其中一處定點旅行，
或串聯雙縣重點同遊。
這篇一併介紹住房預訂方式、
好用的App，與建議行程。

行前準備

住宿訂房注意事項

訂好機位、完成開票後,也別忘了訂住宿喔!

- Jalan 與樂天是日本市占率最高的專門訂房網站。若善用兩者,每筆訂房可在 5 分鐘內解決,不需假手他人。
- Jalan 與樂天都有繁體中文版網站,不過登錄其中的旅館或住宿方案,會略少於日文網站,部分房價可能稍有不同,因此仍建議嘗試操作日文網站。
- Booking.com、Agoda、Trivago、HostelWorld 等國際訂房與比價網,以及各旅館的官方網站,亦為預訂住房的好管道。
- 有些訂房網可直接從地圖檢視哪些旅館還有剩餘房間與價格,是方便又直覺的界面。
- 日本的民泊法規修訂後,在 Airbnb 登錄的物件合法性提高,旅人訂到問題房的機會也降低了,但仍要務必注意安全。
- 篩選旅館時,除了比價格,牛奶杰建議選擇離車站近一點的,會省下不少來回搬行李的時間與精力,甚至是存放寄物櫃的費用。
- 日本有種特殊的雙人房型稱為 Semi-Double(セミダブル),床寬僅 120～140公分,略小於正規雙人床。
- 日本的房價計算常依入住人數有別,同一房間由單人入住或雙人入住的價格不同,務必要正確告知入住人數喔!

⊙ 小提醒

訂住宿網站

Jalan:www.jalan.net
樂天:travel.rakuten.co.jp
Booking.com:www.booking.com
Agoda:www.agoda.com
Trivago:www.trivago.com.tw
HostelWorld:hostelworld .com
Airbnb:www.airbnb.com.tw

1 若為兩人入住 Semi-Double 房,請留意床寬 **2** **3** 日本的房價通常會依入住人數不同而調整

實用App

隨著智慧型手機等裝置普及，以往自助旅行可能要花老半天時間做的功課，現在靠手機或平板點兩下就搞定了。赴日自助旅時好用的 App 有很多，以下介紹 5 個牛奶杰自己也常使用、且使用功能多為免費的 App 給讀者參考。

VoiceTra

iOS　Android　中文

首先介紹讀者們應該很關切的語言App。在 App Store 或 Google Play 可以找到非常多協助日語構通的App，讀者可挑選自己覺得適用、內容也算充足的。牛奶杰自己喜歡「VoiceTra」這個日本情報通信研究機構(NICT) 開發的 App，介面簡單明瞭，可直接對手機說國語、讓手機翻為日語(可發音)，反向亦可。輸入文字查詢當然也沒問題。

首先介紹讀者們應該很關切的語言 App。在 App Store 或 Google Play 可以找到非常多有助於日語環境溝通的 App，有些提供輸入語音或文字的即時查詢，有的以情境式的卡片，讓使用者點選適合的卡片。

牛奶杰自己喜歡「VoiceTra」這個由日本情報通信研究機構(NICT) 開發的 App，介面簡單明瞭。使用者可直接對手機說國語、讓手機翻為日語，而且翻譯結果會有真人發音，可以直接講給對方聽。輸入文字查詢當然也沒問題。

VoiceTra 同時支援日翻中的功能，如果不明白日方工作人員的詢問或提醒，也可以請他對手機說話，讓 VoiceTra 譯為中文供自己了解，相當實用喔！

Point 1

透過 App，向手機說國語，就會自動翻出日語

Point 2

請問可以拍照嗎。

翻譯結果

写真を撮ってもいいですか。

翻譯結果如下

可以拍照嗎?

可輸入中文 (用寫的也行) 查日語，同時再提供日翻中以供確認

Extra 1

「Google 翻譯」處理一般詞彙也沒問題

Extra 2

ヘアドライヤー

以「Google 翻譯」查詢後橫放手機，會放大秀出查詢結果，方便對方觀看

Yahoo! 乘換案內

iOS Android 日文

　　查詢車班組合 (由 A 點去 B 點該搭什麼車、哪裡轉車、要多少錢) 可能是旅人最常碰到的問題。雖然在規畫行程已多半都完成主要的查詢，但實務上總有提早出發、錯過原定車班，甚至是修改行程目的地等情況，這時可以靠「乘換案內」這類App即時幫忙。市面上有多種「乘換案內」App，日本 Yahoo! 的產品為其中之一。

出發地預設為使用者位置，只需輸入「目的地」，再點「檢索」就可規畫路線組合 (主要景點可直接作為查詢的目的地)

可以查詢指定的時段

在「檢索條件」可選擇要納入考慮的交通工具，以及是否要搭指定席、要顯示單程票或智慧票卡價格等

使用者可從「時間順」(按時間順序排列)、「回數順」(按換乘次數從最少的開始排列) 或「料金順」(按價格高低從最優惠排列) 選擇考慮的優先次序

更詳盡的車班資料。可查看列車的出發與到達月台。新幹線會標注車型

使用者也可查詢各站的時刻表。倘若遇到站名的日文漢字難以輸入，可從其他網頁剪下貼上

換乘路線圖

iOS　Android　中文

　　雖然乘換案內可協助旅人安排好搭車組合，但旅人還是常需要知道各車站與路線的位置，沿途又會經過哪些地方。「換乘路線圖」幾乎網羅了全日本所有的鐵道路線與車站，無論是對鐵道迷或一般遊客，都能輕易操作。

Point 1

App 內的路線圖可依行程需求分區下載，離線依然可用

Point 2

JR 的路線以粗線表示、新交通中等粗細、路面電車為細線，各路線以符合官方設定的顏色標示

Point 3

東京＝品川間有多條路線並行，各線皆以不同顏色清楚呈現

Point 4

路線圖可放大或縮小

Extra 1

App 提供直接搜尋車站的功能，輸入第一個字便會出現選單

Extra 2

點選頁面右上角放大鏡旁的地圖符號，可切換 Google Maps

ロケスマ(ROKESUMA)

iOS **Android** **日文**

　　ロケスマ應該是牛奶杰最常使用、也最欽佩的日旅 App。它蒐集了各領域主要品牌的店面分布位置，使用者僅需點一下招牌，便會在地圖上落下大頭針，顯示哪裡有分店。簡單好用的程度，還勝過多數商家官網的找分店功能！ロケスマ也有電腦版：www.locationsmart.org

App 提供各種類型的店家，讓使用者挑選要搜尋的對象

藍色是商店類，另有紅色的服務類(如郵便局、ATM 位置等)。直接點「便利商店」(コンビニ)群組的 bar，就會跳出多種品牌的分店位置

地圖可依需求任意放大或縮小

若在先前圖上的「便利商店」群組的 bar 點後半段的文件夾位置，可進一步挑選要顯示的單一品牌

長按大頭針圖案會跳出店家資訊，更可開啟對方官網

將自己喜歡的品牌或群組加入最愛名單，查找更快

食べログ(Tabelog)

iOS　Android　日文　（限於日本下載）

食べログ可說是日本名氣最響亮的美食彙整 App，提供各式用餐種類的選擇，從日式傳統的高級料理，到街頭巷尾的咖啡廳都已納入資料庫，並開放網友評選，決定店家的優劣分數。儘管其評選方式也被質疑，但對一般玩家想知道「附近有什麼好吃的店」這點，食べログ的資料依然可當基本參考。

App 讓使用者根據區域、車站，或自己的所在位置，來限縮查詢範圍

接著以餐點種類、距離車站距離、一般用餐預算，與營業時段等條件，讓 App 推薦最適合的用餐地點

餐廳種類非常多元，可鎖定精準條件找到適合餐廳

以咖哩料理為例，選好「咖喱飯」的條件後，App 會列出附近得分高低的店家

店家資訊除基本營業時間，還有菜單、圖片與評論等

選好了店家，跟著地圖找路即可

上網方式

在日本旅遊時，要讓隨行攜帶的行動電話、平板或筆記型電腦連上網路，常用的方法包括原號碼國際漫遊、買SIM卡或租網路分享器等。此外，使用當地的Wi-Fi熱點也是方法之一。

原號漫遊

通話漫遊一般會預設開啟，但「上網漫遊」通常是預設關閉的，想藉漫遊上網者，需先向電信業者申請(可順道考慮特惠的漫遊產品)。

原號漫遊大致分為兩種方法，其一是申請開通功能後，直接讓手機連上當地合作業者的訊號，這是最簡單但昂貴的方法。僅建議用於處理緊急狀況的時刻。

另一方法，則是向原本的手機門號業者，選購適合的漫遊方案。通常有N天內1GB，或N天內2GB產品，或每日無限流量*N日等產品，視業者當時的企劃。

牛奶杰在外通常僅用網路翻地圖、查車班、傳純文字Line，與不定時刷一下自己的FB粉絲專頁，那麼用7天1GB流量的方案便綽綽有餘。相當於一趟出門只需200元左右的網路費，負擔很輕。

SIM卡與行動無線分享器

買SIM卡上網的方法，就是將新購入的SIM卡插入智慧型手機或平板的卡槽。租用行動無線分享器則是隨身攜帶另一小型裝置，它在日本收到4G LTE訊號後，會轉為Wi-Fi訊號讓使用者上網。讀者可透過網路預約，參照相關辦法領取SIM卡或無線分享器。這部分可能需幾天的作業日程。

桃園機場與日本主要機場會有自動販賣機發售SIM卡，部分旅遊推廣單位或廉價航空則會免費發送SIM卡空卡，供旅客儲值使用。

- 每張SIM卡僅供1部裝置使用，購卡前確認SIM卡尺寸(Mini SIM、Micro SIM或Nano SIM)。
- 部分SIM卡不支援雙卡手機。
- 雙卡手機使用旅日SIM卡務必做好設定，讓上網或通訊軟體完全以該SIM卡收發訊號，以免徒增原SIM卡漫遊費。
- 若將自己的行動裝置當熱點供同伴連線，耗電可能很快。多人同行且中途鮮少分散者，很適合用無線分享器。
- 對抽換SIM卡與手機設定沒把握者，優先建議原號漫遊或租無線分享器。
- 使用無線分享器者，請關閉手機本身的行動上網功能，僅以Wi-Fi訊號連線。

無論何種方式，仍要留意方案內容，開通後多久內有效？有多少數據額度？額度用完是降速或直接斷訊？

1 日本部分機場設有SIM卡販賣機 **2** **3** 日本許多地方會提供Wi-Fi訊號熱點，供民眾連線

◎ 小提醒

免費Wi-Fi熱點

　　遊客訪日期間也可透過免費Wi-Fi訊號，在各熱點上網。熱點常位於餐廳、咖啡廳、交通場站或購物消費處。但部分要先登錄或下載App，不一定方便。

定點旅行vs.兩縣暢遊

規畫到日本自助旅行的朋友，常面臨一個抉擇難題：該在一個城市或區域多待幾天的「定點旅行」，還是要善用各種交通工具進行「遠距離長征」，一次搶玩幾個地方。

這是一個互有利弊、沒有標準答案的考驗！簡單來說，在相同的天數條件下，想玩的地方如果多，自然就沒辦法在各個地點待太久。相較之下，用定點旅行的方式，往往可以玩得比較深入，有不同層次的收穫。

由於國內的跟團旅行，大多偏向以走馬看花的多點長征產品為主，所以會選擇當自助背包客者，往往是期待定點旅行的好品質，能在喜歡的地方久留。

但這並非固定不變的考試問答，畢竟自助旅行本身就有「自由度很高」的特性。旅人也可以適度安排部分日期深入定點、部分日期為「移動日」進行長征的搭配。

住宿規畫考量

要前往岡山與廣島的玩家，也常會問：究竟要一次玩這兩個縣分，還是要分別進行呢？

如同先前針對「定點或長征」的問題，要一次玩一縣或兩縣，也得看讀者本身的思考。假期全程總共有幾天可以安排行程？在岡山或廣島想去多少地方拜訪參觀？在一處想玩得多深入？想慢慢走得愜意，還是可以迅速瀏覽等。

整體而言，岡山與廣島兩地加起來說大不大，說小也不算小。若只是衡量岡山市到廣島市的時間，搭新幹線的 Nozomi 列車其實只要35 分鐘，比在某些都會區內移動還快。但如果以整個岡山縣與廣島縣來看，其合計面積已有將近半個台灣 (43%) 那麼大，要在短時間走透透自然是不太可能。

對於已決定拜訪岡山或廣島單一縣分的旅人，牛奶杰的建議是可考慮在岡山市或廣島市

找一個舒服且價格可接受的地方連住多日，省去得常常收拾行李搬家的麻煩。如果要走兩縣，則建議在兩地間搬一次住宿地點，體驗不同的城市風情。

 1 體驗不同住宿感覺，也是搬家換旅館的誘因 **2** 善用置物櫃，幫自己減少行李負擔

小錦囊
關於周遊券二三事

在日本自助旅行時，有些周遊券一定得在海外先向旅行社購買，入境後反而沒辦法買的情況。這點目前玩岡山或廣島較少聽聞，不過 JR 西日本的企劃票券常有預購優惠價。另提醒，部分見學地點有入場名額限制，如：MAZDA博物館、地中美術館等，若欲前往參觀，請盡早預約。

建議行程

岡山忘憂4日遊

DAY 1

岡山機場
🚌 搭巴士進城約30分鐘
岡山站
🚶 步行1分鐘
站前商圈
停留2小時
🚃 或 🚶 搭路面電車或步行
岡山住宿

DAY 2

岡山站
🚃 搭JR山陽本線17分鐘
倉敷站
🚶 步行10分鐘
倉敷美觀地區老街
停留6小時
🚶 步行12分鐘
Ario倉敷＋MITSUI OUTLET PARK 倉敷
停留3小時
🚶 步行2分鐘
倉敷站
🚃 搭JR山陽本線17分鐘
岡山站
🚃 或 🚶 搭路面電車或步行
岡山住宿

DAY 3

岡山站
🚃 搭JR瀨戶大橋線24分鐘
兒島站西口的5號站牌
🚌 搭牛仔褲巴士6分鐘
牛仔褲街
停留1小時
🚌 搭牛仔褲巴士12分鐘
兒島學生服資料館
停留1小時
🚌 搭牛仔褲巴士17分鐘
JR兒島站西口的4號站牌
🚌 轉乘下津井循環巴士18分鐘
下津井漁港前
🚶 步行1分鐘
下津井港濱聚落
停留2小時
🚌 轉乘下津井循環巴士11分鐘
鷲羽山第二展望台
🚶 步行5分鐘
下津井夕陽、眺望大橋
停留1小時
🚌 搭下津井循環巴士9分鐘
兒島站
🚃 轉搭JR瀨戶大橋線24分鐘
岡山站
🚃 或 🚶 搭路面電車或步行
岡山住宿

DAY 4

岡山驛前站
🚃 搭路面電車4分鐘
城下
🚶 步行8分鐘
岡山城
停留45分鐘
🚶 步行5分鐘
後樂園
停留1小時
🚌 搭路線巴士10分鐘
岡山站(東口)
🚶 步行3分鐘
岡山站西口21號站牌
🚌 轉搭巴士出城30分鐘
岡山機場離境

廣島自在4日遊

DAY 1

| 廣島機場 |
| 🚌 　搭巴士進城55分鐘 |
| 廣島住宿 |

DAY 2

| 廣島站新幹線口2號站牌 |
| 🚌 　JR 循環巴士檸檬線4分鐘 |
| 縣立美術館前(縮景園前) |
| 🚶 　步行1分鐘 |
| **縮景園** |
| 停留45分鐘 |
| 🚶 　步行1分鐘 |
| 縣立美術館前(縮景園前) |
| 🚌 　JR 循環巴士檸檬線2分鐘 |
| 廣島城(護國神社前) |
| 🚶 　步行1分鐘 |
| **廣島城** |
| 停留45分鐘 |
| 🚶 　步行1分鐘 |
| 廣島城(護國神社前) |
| 🚌 　JR 循環巴士檸檬線5分鐘 |
| 原爆Dome前 |
| 🚶 　步行1分鐘 |
| **原爆圓頂館** |
| 停留20分鐘 |
| 🚶 　步行1分鐘 |
| **和平公園＋廣島和平紀念資料館** |
| 停留2.5小時 |
| 🚶 　步行5分鐘 |

| **紙鶴塔** |
| 停留1小時 |
| 🚶 　步行5分鐘 |
| **紙屋町商店街** |
| 停留1小時 |
| 🚶 　步行2分鐘 |
| 紙屋町西站 |
| 🚃 　搭路面電車2號線30分鐘 |
| 新井口站 |
| 🚶 　步行5分鐘 |
| **Alpark購物中心** |
| 🚌 　搭巴士10分鐘 |
| **LECT** |
| 🚶 　步行 30 秒 |
| **廣島T-SITE** |
| 停留1.5小時 |
| 🚌 　搭巴士10分鐘 |
| **Alpark購物中心** |
| 🚶 　步行3分鐘 |
| 新井口站 |
| 🚃 　搭 JR 山陽本線13分鐘 |
| 廣島站 |
| 🚃或🚶 　搭路面電車或步行 |
| 廣島住宿 |

DAY 3

| 廣島站 |
| 🚃 　搭 JR 山陽本線28分鐘 |
| 宮島口站 |
| 🚶 　步行3分鐘 |
| 宮島口棧橋 |
| ⛴ 　轉搭渡輪10分鐘 |
| 宮島棧橋 |
| 🚶 　步行10分鐘 |

| **嚴島神社** |
| 停留50分鐘 |
| 🚶 　步行10分鐘 |
| **紅葉谷公園** |
| 停留40分鐘 |
| 🚶 　步行5分鐘 |
| 紅葉谷站 |
| 🚠 　搭宮島纜車14分鐘 |
| 獅子岩站 |
| 🚶 　步行20分鐘 |
| **彌山** |
| 停留1小時 |
| 🚶 　步行20分鐘 |
| 獅子岩站 |
| 🚠 　搭宮島纜車14分鐘 |
| 紅葉谷站 |
| 🚶>🚌>🚶 　步行2分鐘>免費接駁巴士3分鐘>步行6分鐘 |
| **參道老街** |
| 停留1小時 |
| 🚶 　步行3分鐘 |
| 宮島棧橋 |
| ⛴ 　轉搭渡輪10分鐘 |
| 宮島口棧橋 |
| 🚶 　步行3分鐘 |
| 宮島口站 |
| 🚃 　搭JR山陽本線28分鐘 |
| 廣島站 |
| 🚃或🚶 　搭路面電車或步行 |
| 廣島住宿 |

DAY 4

| 廣島站新幹線口的5號站牌 |
| 🚌 　搭巴士出城55分鐘 |
| 廣島機場離境 |

備註：由於往來廣島機場的航班是「晚去早回」組合，因此第一天與第四天沒有安排行程。同樣的行程倘若由岡山機場入出境，由於岡山的航班是早去午回，所以時間上也可行！

岡山+廣島精緻5天行

DAY 1

岡山機場
🚌 ↓ 搭巴士進城約30分鐘
岡山站
🚶 ↓ 步行1分鐘
站前商圈
停留2小時
🚶 ↓ 步行1分鐘
岡山站
🚄 ↓ 搭JR山陽新幹線41分鐘
廣島站
🚄 ↓ 搭JR山陽本線13分鐘
新井口站
🚶 ↓ 步行5分鐘
Alpark購物中心
🚌 ↓ 搭巴士10分鐘
LECT
🚶 ↓ 步行30秒
廣島T-SITE
停留1.5小時
🚌 ↓ 搭巴士10分鐘
Alpark購物中心
🚶 ↓ 步行3分鐘
新井口站
🚄 ↓ 搭JR山陽本線13分鐘
廣島站
🚄或🚶 ↓ 搭路面電車或步行
廣島住宿

DAY 2

廣島站新幹線口2號站牌
🚃 ↓ JR循環巴士檸檬線6分鐘
廣島城(護國神社前)
🚶 ↓ 步行1分鐘
廣島城
停留45分鐘
🚶 ↓ 步行1分鐘
廣島城(護國神社前)
🚌 ↓ JR循環巴士檸檬線5分鐘
原爆Dome前
🚶 ↓ 步行1分鐘
原爆圓頂館
停留10分鐘
🚶 ↓ 步行1分鐘
廣島和平紀念資料館
停留1小時
🚶 ↓ 步行5分鐘
紙鶴塔
停留1小時
🚶 ↓ 步行2分鐘
EDION電器行+
紙屋町商店街
停留1小時
🚃 ↓ 搭路面電車15分鐘
廣島站
🚶 ↓ 步行10分鐘
MAZDA Zoom-
Zoom球場
停留4小時
🚶 ↓ 步行10分鐘
廣島站
🚃或🚶 ↓ 搭路面電車或步行
廣島住宿

DAY 3

廣島站
🚄 ↓ 搭JR山陽本線28分鐘
宮島口站
🚶 ↓ 步行3分鐘
宮島口棧橋
⛴ ↓ 轉搭渡輪10分鐘
宮島棧橋
🚶 ↓ 步行10分鐘
嚴島神社
停留50分鐘
🚶 ↓ 步行10分鐘
紅葉谷公園
停留40分鐘
🚶 ↓ 步行5分鐘
紅葉谷站
🚠 ↓ 搭宮島纜車14分鐘
獅子岩站
🚶 ↓ 步行20分鐘
彌山
停留1小時
🚶 ↓ 步行20分鐘
獅子岩站
🚠 ↓ 搭宮島纜車14分鐘
紅葉谷站
🚶>🚌>🚶 ↓ 步行2分鐘>免費接駁巴士3分鐘>步行6分
參道老街
1小時
⛴ ↓ 轉搭渡輪10分鐘
宮島棧橋
⛴ ↓ 轉搭渡輪10分鐘
宮島口棧橋
🚶 ↓ 步行3分鐘

宮島口站
🚆 搭JR山陽本線28分鐘
廣島站
🚊或🚶 搭路面電車或步行
廣島住宿

廣島站新幹線口2號站牌
🚌 JR循環巴士檸檬線4分鐘
縣立美術館前(縮景園前)
🚶 步行1分鐘
縮景園
停留45分鐘
🚶 步行7分鐘
廣島站
🚆 搭JR山陽本線10分鐘
向洋站
🚶 步行5分鐘
馬自達博物館
停留2小時
🚶 步行5分鐘

向洋站
🚆 搭JR山陽本線10分鐘
廣島站
🚆 轉搭JR山陽新幹線41分鐘
岡山站
🚆 搭JR山陽本線17分鐘
倉敷站
🚶 步行10分鐘
倉敷美觀地區老街
停留3小時
🚶 步行12分鐘
Ario倉敷＋MITSUI OUTLET PARK倉敷
停留3小時
🚶 步行2分鐘
倉敷站
🚆 搭JR山陽本線17分鐘
岡山站
🚊或🚶 搭路面電車或步行
岡山住宿

岡山驛前站
🚆 搭路面電車4分鐘
城下
🚶 步行8分鐘
岡山城
停留45分鐘
🚶 步行5分鐘
後樂園
1小時
🚌 搭路線巴士10分鐘
岡山站(東口)
🚶 步行3分鐘
岡山站西口21號站牌
🚌 轉搭巴士出城30分鐘
岡山機場離境

岡山+廣島7天行

DAY 1

岡山機場
🚌 搭巴士進城約30分鐘

岡山站
🚶 步行1分鐘

站前商圈
停留**4小時**
🚶 步行1分鐘

岡山站
🚋或🚶 搭路面電車或步行

岡山住宿

DAY 2

岡山站
🚄 搭JR山陽新幹線52分鐘

三原站
🚆 搭JR吳線23分鐘

忠海站
🚶 步行5分鐘

忠海港
⛴ 渡輪15分鐘

大久野島 (兔島)
停留**1小時**
⛴ 渡輪15分鐘

忠海港
🚶 步行5分鐘

忠海站
🚆 搭JR吳線23分鐘

三原站
🚄 搭JR山陽新幹線30分鐘

廣島站
🚋 路面電車 1、2、6 號線16分鐘

原爆Dome前
🚶 步行1分鐘

原爆圓頂館
停留**10分鐘**
🚶 步行1分鐘

和平公園＋廣島和平紀念資料館
停留**1.5小時**
🚶 步行5分鐘

紙鶴塔
停留**1小時**
🚶 步行5分鐘

紙屋町商店街
停留**1小時**
🚶 步行2分鐘

紙屋町西站
🚋 路面電車 1、2、6 號線14分鐘

廣島站
🚶 步行1分鐘

蔦屋家電
停留**1小時**
🚋或🚶 搭路面電車或步行

廣島住宿

DAY 3

廣島站
🚆 搭JR山陽本線28分鐘

宮島口站
🚶 步行3分鐘

宮島口棧橋
⛴ 轉搭渡輪10分鐘

宮島棧橋
🚶 步行5分鐘

星巴克咖啡嚴島表參道店
停留**1小時**
🚶 步行10分鐘

紅葉谷公園
停留**20分鐘**
🚠 搭宮島纜車14分鐘

紅葉谷站
🚶 步行5分鐘

獅子岩站
🚶 步行20分鐘

彌山
停留**1小時**
🚶 步行20分鐘

獅子岩站
🚠 搭宮島纜車14分鐘

紅葉谷站
🚶🚌🚶 步行2分鐘 > 免費接駁巴士3分鐘 > 步行5分鐘

嚴島神社
停留**50分鐘**
🚶 步行1分鐘

參道老街
停留**45分鐘**
🚶 步行5分鐘

宮島棧橋
⛴ 轉搭渡輪10分鐘

宮島口棧橋
🚶 步行3分鐘

宮島口站
🚆 搭JR山陽本線15分鐘

新井口站
🚶 步行5分鐘

Alpark購物中心
🚌 搭巴士10分鐘

LECT
🚶 步行30秒

廣島T-SITE
停留**1.5小時**
🚌 搭巴士10分鐘

Alpark購物中心
🚶 步行3分鐘

新井口站
🚆 搭JR山陽本線13分鐘

廣島站
🚋或🚶 搭路面電車或步行

廣島住宿

DAY 4

廣島站
🚄 ↓ 搭JR山陽新幹本線29分鐘
三原站
🚶 ↓ 搭JR山陽本線12分鐘
尾道站
🚶 ↓ 步行15分鐘
山麓站
🚠 ↓ 搭千光寺山纜車10分鐘
山頂站
🚶 ↓ 步行1分鐘
千光寺公園
停留**15分鐘**
🚶 ↓ 步行5分鐘
貓之細道
停留**15分鐘**
🚶 ↓ 步行15分鐘
NPO工房尾道帆布
停留**30分鐘**
🚶 ↓ 步行5分鐘
尾道拉麵壹番館
停留**30分鐘**
🚶 ↓ 步行15分鐘
尾道站
🚄 ↓ 搭JR山陽本線19分鐘
福山站
🚄 ↓ 搭JR山陽新幹線16分鐘
岡山站
🚃或🚶 ↓ 搭路面電車或步行
岡山住宿

DAY 5

岡山站
🚄 ↓ 搭JR瀨戶大橋線24分鐘
兒島站西口的5號站牌
🚌 ↓ 搭乘牛仔褲巴士6分鐘
兒島牛仔褲街
停留**1小時**
🚌 ↓ 搭乘牛仔褲巴士12分鐘
兒島學生服資料館
停留**1小時**
🚌 ↓ 搭乘牛仔褲巴士17分鐘
JR兒島站西口的4號站牌
🚌 ↓ 轉乘下津井循環巴士18分鐘
下津井漁港前
🚶 ↓ 步行1分鐘
下津井港濱聚落
停留**1小時**
🚌 ↓ 轉乘下津井循環巴士8分鐘
鷲羽山下電旅館
停留**2小時**
🚶 ↓ 步行10分鐘
鷲羽山第二展望台
停留**1小時**
🚶 ↓ 步行10分鐘
鷲羽山下電旅館住宿

DAY 6

鷲羽山下電旅館
🚌 ↓ 搭接駁巴士10分鐘
兒島站
🚄 ↓ 轉搭JR瀨戶大橋線24分鐘
岡山
🚄 ↓ 搭JR山陽本線17分鐘

倉敷站
🚶 ↓ 步行10分鐘
倉敷美觀地區老街
停留**6小時**
🚶 ↓ 步行12分鐘
Ario倉敷＋MITSUI OUTLET PARK倉敷
停留**3小時**
🚶 ↓ 步行2分鐘
倉敷站
🚄 ↓ 搭JR山陽本線17分鐘
岡山站
🚃或🚶 ↓ 搭路面電車或步行
岡山住宿

DAY 7

岡山驛前站
🚃 ↓ 搭路面電車4分鐘
城下
🚶 ↓ 步行8分鐘
岡山城
停留**45分鐘**
🚶 ↓ 步行5分鐘
後樂園
1小時
🚌 ↓ 搭路線巴士10分鐘
岡山站(東口)
🚶 ↓ 步行3分鐘
岡山站西口21號站牌
🚌 ↓ 轉搭巴士出城30分鐘
岡山機場離境

單日往返的行程

 直島 之旅

岡山站
🚃 搭 JR 宇野線 61 分鐘
宇野站
🚶 步行 5分鐘
宇野港
⛴ 轉搭渡輪 15分鐘
宮浦港
🚶 步行 2分鐘
直島錢湯「I ♥ 湯」
停留30分鐘
🚌 搭直島町營巴士 5分鐘
家 Project
停留2.5小時
🚌 搭直島町營巴士 7分鐘
つつじ莊
🚌 搭接駁巴士 3分鐘
Benesse House 美術館
停留1.5小時
🚌 搭接駁巴士 2分鐘
李禹煥美術館
停留20分鐘鐘
🚌 搭接駁巴士 2分鐘
地中美術館
停留2小時
🚌 搭接駁巴士 7分鐘
つつじ莊
🚌 搭直島町營巴士 12分鐘
宮浦港
⛴ 轉搭渡輪 15分鐘
宇野港
🚶 步行 5分鐘
宇野站
🚃 搭 JR 宇野線 61分鐘
岡山站

 吳港 之旅

廣島站
🚃 搭 JR 吳線 44分鐘
吳站
🚶 步行 10分鐘
吳市海事歷史科學館
停留1.5小時
🚶 步行 1分鐘
海上自衛隊吳史料館
停留1小時
🚶 步行 5分鐘
吳船艦之旅
停留30分鐘
🚶 步行 15分鐘
入船山紀念館
停留30分鐘
🚶 步行 15分鐘
歷史之見丘
停留15分鐘
🚶 步行 10秒
子規句碑前
🚌 搭路線巴士 3分鐘
教育隊前
🚶 步行 5分鐘
中央棧橋
⛴ 搭渡輪 20分鐘
小用港
🚌 搭路線巴士 5分鐘
海上自衛隊第一術科學校
1.5小時
🚌 搭路線巴士 5分鐘
小用港
⛴ 搭渡輪 20分鐘
中央棧橋
🚶 步行 10分鐘
吳站
🚃 搭 JR 吳線 44分鐘
廣島站

 高梁 之旅

岡山站
🚃 搭 JR 伯備線 35分鐘
備中高梁站
🚶 步行 1分鐘
高梁市立圖書館
停留1小時
🚶 步行 1分鐘
高梁巴士總站
🚌 搭路線巴士 58分鐘
吹屋銅屋村
停留4小時
🚌 搭路線巴士 58分鐘
高梁巴士總站
🚶 步行 1分鐘
備中高梁站
🚃 搭 JR 伯備線 35分鐘
岡山站

島波海道 之旅

廣島站
🚃 搭 JR 山陽新幹本線 29分鐘
三原站
🚃 搭 JR 山陽本線 12分鐘
尾道站
🚶 步行 5分鐘
島波海道(單車行)
停留10小時
🚶 步行 5分鐘
尾道站
🚃 搭 JR 山陽本線 12分鐘
三原站
🚃 搭 JR 山陽新幹本線 29分鐘
廣島站

姬路之旅

岡山站
🚄 ↓ 搭JR山陽新幹線20分鐘
姬路站
🚲 ↓ 腳踏車15分鐘
姬路城
停留1.5小時
🚲 ↓ 腳踏車10分鐘
姬路文學館
停留1小時
🚲 ↓ 腳踏車25分鐘
姬路站
🚄 ↓ 搭JR山陽新幹線20分鐘
岡山站

鞆之浦之旅

廣島站
🚄 ↓ 搭JR山陽新幹本線23分鐘
福山站
🚌 ↓ 搭路線巴士30分鐘
鞆之浦站
🚶 ↓ 步行5分鐘
常夜燈與海港老街
停留1小時
🚶 ↓ 步行1分鐘
伊呂波丸展示館
停留30分
🚶 ↓ 步行1分鐘
太田家住宅
停留30分
🚶 ↓ 步行5分鐘
福禪寺對潮樓
停留30分
🚶 ↓ 步行3分鐘
鞆港站
🚌 ↓ 搭路線巴士30分鐘
福山站
🚄 ↓ 搭JR山陽新幹本線23分鐘
廣島站

松山之旅

廣島站
🚃 ↓ 搭路面電車35分鐘
廣島港
⛴ ↓ 轉搭高速船68分鐘
松山觀光港
🚌 ↓ 搭路線巴士5分鐘
高濱站
🚃 ↓ 搭伊予鐵道高濱線2分鐘
梅津寺站
停留15分鐘
🚃 ↓ 搭伊予鐵道高濱線19分鐘
松山市站
🚃 ↓ 搭伊予鐵道3號線8分鐘
大街道站
🚶 ↓ 步行5分鐘
東雲口站
🚡 ↓ 搭松山城纜車3分鐘
長者平站
🚶 ↓ 步行3分鐘
松山城
停留1小時
🚶 ↓ 步行20分鐘
坂上之雲博物館
停留50分鐘
🚶 ↓ 步行1分鐘
大街道站
🚃 ↓ 搭伊予鐵道3號線12分鐘
道後溫泉
停留1.5小時
🚌 ↓ 搭路線巴士40分鐘
松山觀光港
⛴ ↓ 轉搭高速船68分鐘
廣島港
🚃 ↓ 搭路面電車35分鐘
廣島站

岩國之旅

廣島站
🚄 ↓ 搭JR山陽本線55分鐘
岩國站
🚌 ↓ 搭路線巴士20分鐘
錦帶橋站
🚶 ↓ 步行1分鐘
錦帶橋
停留20分鐘
🚶 ↓ 步行5分鐘
吉香公園
停留15分鐘
🚶 ↓ 步行1分鐘
佐佐木屋小次郎商店
停留15分鐘
🚶 ↓ 步行5分鐘
岩國城
停留2小時
🚶 ↓ 步行15分鐘
錦帶橋站
🚌 ↓ 搭路線巴士20分鐘
岩國站
🚄 ↓ 搭JR山陽本線55分鐘
廣島站

岡山與廣島兩地都可
直接搭機前往，
再靠巴士進出市區。
區域內行動可仰賴鐵道火車，相當方便。
岡山與廣島位處瀨戶內海邊，
行程中應該也會有不少搭船的機會。
對於喜歡騎腳踏車的玩家而言，
這裡更是自行車運動的聖地呢！

岡山廣島的交通方式

1 台灣虎航有飛往岡山機場的直飛班機 **2** 岡山機場為地區性的中型機場

飛機

岡山機場 (岡山桃太郎空港)

　　岡山機場是一座中型的機場,位於直線距離到岡山市區約 12 公里的半山腰上,於 1988 年啟用,以取代早先離市區較近、但腹地非常有限的舊機場。岡山機場目前的航班以日本國內線為主,國際線的定期航班除了桃園機場之外,還有飛往韓國的仁川、中國上海的浦東,以及香港等機場。

　　前往岡山最便捷的方法,就是搭乘直飛航班,從桃園機場出發直抵岡山機場。常提供便宜票價的台灣虎航,目前每週有 7 趟往返岡山的航班,不過,每季的航班情況多少會有調整,訂票時再次確認屆時的時刻為佳。

✈ ················

- ●去程班機:上午 11:30 出發,於當地時間 15:05 降落
- ●回程班機:當地時間 15:55 起飛,於台灣時間 17:40 返抵桃園機場
- ●飛行時間:約 3.5 小時

🔘 小提醒

免稅品項不如大城市多

　　岡山機場的國際線候機室空間相對較小,管制區內雖然有免稅店,但銷售品項不若東京、關西、中部、福岡等一線機場完整。要採購指定商品的讀者,可能得事先打聽喔!

國際線候機室僅有簡約的免稅店

岡山機場的航班以日本國內線為主

◎ 小提醒

廉價航空購票前請注意

廉價航空 (Low Cost Carrier，通稱 LCC，亦稱為「低成本航空」) 的風潮近年在台灣市場崛起，引發討論。

LCC 檢討了航空業既有的成本結構，刪除某些花費或改列選購項目，因而得以低於原先市場的價格提供機位。簡單來說，LCC 把「套餐」價格拆散為「單點」銷售，除了必點的「由甲地飛到乙地」外，其餘項目就讓乘客自己依需要點購。

大致來說，掌握 LCC 的以下幾點特性，應該就不會有太多困擾：

1. 幾乎沒有退票價值。建議讀者訂票時，要有不退票、不改期的決心。
2. 更改航班時間，有可能得付鉅額差價。
3. 餐點、飲料、娛樂、毛毯、選位、優先登機、托運行李，這些都單獨計費。
4. 手提行李若超過限制 (常為 7 或 10 公斤)，需另付費托運。
5. 各種人工處理的作業常要支付手續費。
6. 促銷很便宜、不促銷也不算貴。
7. 原則上不提供轉機的服務。
8. 若航班被取消，可能得自己想辦法。

東京與廣島之間也有 LCC 的航班飛行

岡山機場往來市區的交通

半山腰上的岡山機場，聯外交通方式沒有火車，多數旅客會選擇搭巴士往返城市，路線依照最終目的地分為往「JR 岡山站」與「JR 倉敷站」兩條。兩者的候車站牌皆在航廈室外的屋簷下，不必特別費心尋找。

搭乘巴士可以付現，或以電子智慧票卡支付車資。岡電巴士 (OKADENBUS) 與下電巴士 (下電バス) 可接受 ICOCA 與 Suica 等 10 種全國性的互通票卡付款；但中鐵巴士 (中鉄バス) 僅接受自家的卡片，請留意。如果有候車的空檔時間，建議讀者先由自動售票機買好車票。

1 2 往岡山站的巴士，請於 2 號站牌上車 **3** 岡電巴士通常是橘色車身的「空港リムジン」車輛，很好辨認

岡山機場的巴士交通

前往方向	巴士公司	車程	車資	候車地點	特別說明
機場往岡山站	岡電巴士、中鐵巴士	30分鐘	¥760 (兒童半價)	2號站牌	1. 車班分成「直達」與「特急」兩種，但僅途中停靠站有些微差異 2. 岡電巴士常以橘色車身的「空港リムジン」車輛載客，非常顯眼好認
岡山站往機場				JR岡山站西口的21號站牌	1. 站牌位置是從車站出口右前方的中島上 2. 購票地點在中島上室內的服務中心(岡山駅西口バスセンター) 3. 有機場巴士專屬的自動售票機
機場往倉敷站	下電巴士、中鐵巴士	35分鐘	¥1,130 (兒童半價)	3號站牌	途中會行駛高速公路，因此不允許站立搭乘
倉敷站往機場				JR車站北口的2號站牌	候車站牌在站外的人行天橋地面層(面向Ario倉敷由左側電扶梯下樓)

備註：有別於日本其他機場，如東京機場、大阪機場、茨城機場，有些巴士是有預約制，但岡山的機場巴士是完全沒有預約制，所有的班車皆不接受預約空位與劃位，旅客需於購票後前往站牌動線排隊。

◉ 小提醒

搭巴士請預留緩衝時間

巴士會適度配合班機的到達情形發車，如果航班有些微延誤，巴士也會一起跟著等。此外，巴士行駛過程也可能會塞車延誤。若讀者規畫的行程在抵達岡山站或倉敷站後，還得轉乘其他交通工具，請務必多預留緩衝時間。

返國時建議要提早一些時間前往巴士站排隊候車，以作為各種突發狀況的應變。畢竟飛機往往是不等人的！倘若旅客人數比預期超出許多，巴士業者會視現場狀況增派車輛支援，同一發車時間由兩輛車進行輪運。

❶ 由岡山站往機場，請於西口的21號站牌候車
❷ 倉敷站往機場的乘車處，是在北口的2號站牌

廣島機場 (広島空港)

廣島機場的坐落位置，與岡山機場相似，也在中國山地的山區。機場到廣島市區的距離約50公里，比起岡山的狀況更遠一些。

廣島機場同樣以服務國內線航班為主。但是從東京到廣島的距離，飛機會比新幹線更有優勢，因此往來東京的航班數目更多，整體的起降班次、機場的商店與餐廳數目，也會相對更為活絡些。

機場外圍的三景園，是遷建當時同步規畫的日式庭園，有一定水準，秋季時甚至會吸引民眾專程前來賞楓。讀者搭機前後若有餘暇，也

可前往拜訪。航廈與三景園旁另有三星級的機場旅館 (広島エアポート・ホテル)。

由台灣桃園國際機場前往廣島機場，目前有中華航空的直飛班機，每天 1 趟往返，屬於晚去早回的班次組合，在旺季時增派早去午回的航班，屬不定期的班次。

華航直飛廣島有一項好處，是該公司也有高松機場的航班 (每週 5 趟往返)，可搭配從廣島經岡山玩到高松 (或反向) 的行程。

✈

● 去程航班：傍晚 17:20 起飛，於當地時間 20:40 到達
● 回程航班：當地時間 09:00 起飛，於台灣時間 10:50 到達桃園機場
● 班機特色：通常為 B737-800 型窄體客機，座位無個人娛樂系統

1 航廈頂樓有一處開放式的賞機平台 2 搭華航直飛廣島，可跟高松機場搭配進出 3 華航的回國班機，會在早晨時段離開廣島

廣島機場往返市區的交通
● 巴士

位於山區的廣島機場，聯外交通同樣以仰賴機場巴士為主，大致有分往「JR 廣島站」與「廣島巴士中心」(広島バスセンター)。遊客通常是搭往 JR 車站，但若考量下榻旅館的位置，直接搭巴士中心線進城或許會離旅館更近一些。廣島巴士中心就在廣島市中心鬧區的紙屋町旁，與 SOGO 百貨合設，要轉乘路面電車也很方便。而從廣島要前往機場，是在 JR 廣島站新幹線口的 5 號站牌、或廣島巴士中心站的 2 號站牌候車，上車前可至售票亭先購票。

廣島機場的巴士交通

由多家業者提供服務，可直達的目的地也相當多，為讀者整理較常用到的幾條。

目的地	巴士公司	候車站牌	時間	大人票價	兒童票價	備註
廣島站新幹線口 (北口)	廣島電鐵等	2	45 分鐘	單程 ¥1,340 去回 ¥2,420	單程 ¥670 去回 ¥1,210	高速巴士
廣島巴士中心	廣島電鐵等	1	55 分鐘	單程 ¥1,340 去回 ¥2,420	單程 ¥670 去回 ¥1,210	高速巴士
福山站	中國巴士 鞆鐵道	3	65 分鐘	¥1,350	¥680	高速巴士
尾道站	尾道巴士	3	80 分鐘	¥1,130	¥570	
吳站	廣島電鐵	1	58 分鐘	¥1,340	¥670	
白市站	藝陽巴士	4	15 分鐘	¥390	¥200	

(＊資訊時有異動，請依官方公告為準)

備註：
1. 車班時間原則上都能配合華航的「晚到早離」航班，不過由機場進城的班車，會配合東京出發航班的抵達情況彈性調整。如果從東京飛廣島的航班有延誤，巴士很有可能會順延發車。
2. 除尾道巴士之外，皆可以ICOCA或PASPY等智慧票卡付款。以現金乘車的旅客，若時間允許，請在上車前先透過機場廈內的售票機購票。
3. 巴士中心在途中還會停靠廣島的新交通系統 (類似捷運)「ASTRAM Line」的中筋站，也是一個轉車的可能。該路線每天還有4班車會再延長前往平和大通。

● 火車及租車

先搭路線巴士再轉火車，也是可行的變通方式。前頁表格提到的白市站為離機場最近的JR火車站。由此轉乘JR普通列車至JR廣島站約需45分鐘，¥760（兒童半價）；至福山站為60分鐘，¥1,140（兒童半價）。

此外，廣島機場也有多家租車公司進駐，在抵達大廳就設有接待櫃台，可提供取車服務（務必請先完成預約手續。詳 P.61）。

其他機場

松山機場 (松山空港)

這裡提的「松山機場」並非台北市中心的機場，而是位於四國的松山市的「松山空港」。

松山與廣島隔著瀨戶內海彼此相望，可透過高速船與島波海道銜接，彼此關係緊密。長榮航空飛行松山空港的包機多年，於2019年夏天開始將桃園＝松山航線轉為定期航班，讓遊客多些進出四國地方與中國地方的選擇。

1 長榮航空有航班直飛松山機場 2 臨海的松山機場，起降前後的景色相當好 3 高松機場曾為電影《在世界的中心呼喊愛情》的拍攝地點

高松機場 (高松空港)

高松機場位於四國的高松市，離岡山地區僅有一海之隔，可靠著瀨戶大橋方便往來。高松機場目前有華航航班飛行，日本國內線廉價航空業者捷星日本也有往來高松與東京成田機場的班次。讀者如果安排同遊四國與瀨戶內海周邊，又不想來回拉車，那麼高松機場也是一個可行的進出地點。

唯要提醒的是，瀨戶大橋偶爾會遇上因大風或大霧影響列車與巴士行駛的情況，若是安排最後一日從岡山渡海到高松搭機，請務必需留意天氣變化以免被卡住無法過橋。

岩國錦帶橋機場 (岩国錦帯橋空港)

岩國錦帶橋機場原為自衛隊和駐日美軍共用的基地，近年開放國內線航班起降，有ANA飛往東京羽田機場的航線。

該處雖然是在山口縣的岩國市，但從廣島市區與宮島到此的距離，其實比到廣島機場近，因此讀者的行程如有搭配這些地點，從岩國錦帶橋機場進出也是一種方法。

◉ 小提醒

從關西或九州順道暢遊岡山廣島

除了中國與四國地區的岡山、廣島、高松、松山與岩國機場外，玩家如果得配合機位與費用等條件，從關西地區（大阪關西機場）或九州地區（福岡機場與北九州機場）進出，要暢遊岡山與廣島仍相當方便，唯在陸路交通方面得多預留一些時間與費用。

小錦囊 入境卡與海關卡

關於入境卡與海關卡，有幾點提醒：

1. 在去程班機上，空服員通常會發送入境卡與海關卡。或者可在下機後、過關前取得。

2. 入境卡每個人都要填1張，海關卡則一家人填1張即可。

3. 各個欄位都要盡可能填寫，尤其是在日本的聯絡地址與電話，請務必填第一天下榻的旅館名稱與聯絡資料，不能只寫自己的手機號碼。

4. 兩張卡都請照實填寫，且要簽名以示負責。

5. 雖然空服員會發這兩張卡，但筆要自備，請別跟他們借筆。

1 海關卡正面，請記得底下要簽名 **2** 海關卡背面，一般情況無需填寫任何欄位 **3** 入境卡正面。入境卡曾於2016年改版過，旅客若拿到較複雜的版本應為舊款，兩者皆可使用 **4** 入境卡背面

申告書（A面）

日本國稅關
海關樣式C第5360-E號

攜帶品‧另外寄送的物品 申告書

請填寫下列與背面表格，並提交海關人員。
家族同時過關時只需由代表者填寫一份申告書。

搭乘班機(船舶)名	BR777 出發地 TPE
入國日	２０１９年０７月０１日
英文名	Starbuckser Milk
姓　名	
現在日本住宿地點	Ivy Hotel 東京都港區白金台5-20-2
電話	
國籍	TW 職業 Writer
出生年月日	日
護照號碼	
同行家人	20歲以上 1人 6歲以上20歲未滿 0人 6歲未滿 1人

※ 回答以下問題，請在□內打"✓"記號。

1.您持有以下物品嗎？ 是 否
① 禁止或限制攜入日本的物品(參照B面) □ ☑
② 超過免稅範圍(參照B面)的購買品、名產或禮品等 □ ☑
③ 商業貨物、商品樣本 □ ☑
④ 他人託帶物品 □ ☑

＊上述問題中，有選擇「是」者，請在B面填寫您入國時攜帶的物品。

2.您現在攜帶超過100萬日圓價值的現金或有價證券嗎？ 是 否
□ ☑

＊選擇「是」者，請另外提交「支付方式等攜帶進口申告書」。

3.另外寄送的物品 您是否有入國時未隨身攜帶、但以郵寄等方式、另外送達日本的行李(包括搬家用品)？
□ 是（　個）☑ 否

＊選擇「是」者，請把入國時攜帶入境的物品記載於B面，並向海關提出申告書2份，由海關確認。(限入國後六個月內之輸入物品)
另外寄送的物品通關時，需要海關確認過的申告書。

《注意事項》
在國外購買的物品、受人託帶的物品等，要帶進我國時，依據法令，須向海關申告且接受必要檢查，敬請合作。
另外，漏申告者或是虛偽申告等行為，可能受到處罰，敬請多加注意。

茲證明以上申告均正確無誤。

旅客簽名 Starbuckser Milk

1

（B面）

※ 關於您入國時攜帶入境之物品，請填寫下表。
(A面的1項及3項全部回答"否"者，不必填寫)
(注)「其他物品名」欄者，以個人使用的購入品為限。若國外市價每個低於1萬日圓者，則不須填寫。另外寄送的物品細目也不須填寫。

酒 類			瓶	※海關填寫欄
煙草	香煙		支	
	雪茄		支	
	其他		克	
香 水			盎司	
其他物品名	數 量	價 格		

＊海關填寫欄
日圓

◎ **禁止攜入日本主要的物品**
① 毒品、影響精神藥物、大麻、鴉片、興奮劑、MDMA等
② 手槍彈藥、其子彈或手槍零件
③ 炸藥等爆裂物或火藥類，化學武器原料，炭疽菌等病原體等
④ 貨幣、紙幣、有價證券、信用卡等物品的偽造品
⑤ 猥褻雜誌、猥褻DVD、兒童色情刊物等
⑥ 仿冒品、盜版等侵害智慧財產的物品

◎ **限制攜入日本主要的物品**
① 獵槍、空氣槍及日本刀等刀劍
② 華盛頓條約中限制進口的動植物及其產品(鱷魚、蛇、陸龜、象牙、麝香、仙人掌等)
③ 事先須檢疫確認的動植物、肉類製品(包含香腸、肉乾類)、蔬菜、水果、米等
＊須事先在動、植物檢疫櫃檯確認。

◎ **免稅範圍（組員除外）**
‧酒類3瓶（760ml／瓶）
‧香煙、外國製及日本製各200支（非居留者可各帶2倍數量）
＊未滿20歲者，酒類和煙草不在其免稅範圍內
‧香水2盎司（1盎司約28ml）
‧國外市價合計金額在20萬日圓以內的物品。（以入國者的個人使用物品為限。）
＊國外市價的每個1萬日圓以下者（購買價格）。
＊單件商品20萬日圓者，將全額課稅。
＊未滿6歲的孩童，本人使用的玩具等物品以外不可免稅。

所有進入日本(或回國)之旅客，依據法令，必需向海關提出本申告書。

2

外國人入國記錄 DISEMBARKATION CARD FOR FOREIGNER 外國人入國記錄（ARRIVAL）

Enter information in either English or Japanese. 請用英文或日文填寫。

氏名 Name 姓名	Family Name 姓[英文] MILK	Given Names 名[英文] STARBUCKSER			
生年月日 Date of Birth 出生年月日		現住所 Home Address 現居住地	國名 Country name 國家名 Taiwan R.O.C	都市名 City name 城市名 Taipei	
渡航目的 Purpose of visit 入國目的	☑観光 Tourism 觀光 □商用 Business 商務 □親族訪問 Visiting relatives 探親		航空機便名 Last flight No. 抵達班機編號 BR777		
			日本滞在予定期間 Intended length of stay 預定停留期間 5 days		
日本の連絡先 Intended address in Japan 在日本的連絡處	Ivy Hotel 東京都港區白金台5-20-2			TEL 電話號碼 03-3280-7811	

裏面の質問事項について、該当するものに☑を記入して下さい。 Check the boxes for the applicable answers to the questions on the back side. 在背面的提問中，符合的項目請打✓。

1. 日本での退去強制歴・上陸拒否歴の有無
Any history of receiving a deportation order or refusal of entry into Japan
有無被強制遣送離境或被拒絕入境日本的記錄 □ はい Yes 有 ☑ いいえ No 無

2. 有罪判決の有無（日本での判決に限らない）
Any history of being convicted of a crime (not only in Japan)
有無被判罪的記錄（不限於在日本的判決） □ はい Yes 有 ☑ いいえ No 無

3. 規制薬物・銃砲・刀剣類・火薬類の所持
Possession of controlled substances, guns, bladed weapons, or gunpowder
持有違禁藥物、槍枝、刀劍類、火藥類 □ はい Yes 有 ☑ いいえ No 無

以上の記載内容は事実と相違ありません。 I hereby declare that the statement given above is true and accurate. 以上填寫內容屬正確無誤，絕無虛假。

署名 Signature 簽名 Starbuckser Milk

3

HTTT 1142271 61

【質問事項】【Questions】【提問事項】

1. あなたは、日本から退去強制されたこと、出国命令により出国したこと、又は、日本への上陸を拒否されたことがありますか？
Have you ever been deported from Japan, have you ever departed from Japan under a departure order, or have you ever been denied entry to Japan?
您曾否被強制遣送離境或被拒絕入境日本之記錄？ No

2. あなたは、日本国又は日本国以外の国において、刑事事件で有罪判決を受けたことがありますか？
Have you ever been found guilty in a criminal case in Japan or in another country?
您以前在日本或其他國家是否曾經觸犯刑法並被判有罪的經歷？ No

3. あなたは、現在、麻薬、大麻、あへん若しくは覚せい剤等の規制薬物又は銃砲、刀剣類若しくは火薬類を所持していますか？
Do you presently have in your possession narcotics, marijuana, opium, stimulants, or other controlled substances, swords, explosives or other such items?
您現在是否攜帶麻藥、大麻、鴉片及與麻醉有關之物質或槍炮、刀劍及火藥類？ No

KAB#TT11142271610

4

鐵路

JR新幹線

　　JR 岡山站往來 JR 廣島站的新幹線，以 Nozomi 號或 Mizuho 號最快，費時相當短，甚至比許多城市裡搭地鐵還快，而且兩端點車站皆在市內，省了一道轉乘工夫。

搭乘指定席座位

　　遊客在兩地間搭乘新幹線時，外國人使用的企劃票券多半允許劃位，因此也能免加價乘坐指定席。JR 廣島站從在來線管制區要轉往新幹線管制區的改札口 (剪票口) 旁，有一處櫃台專職受理當日的新幹線票務，在此通常免排隊。

　　順道一提，在新幹線車廂中，A、B、C 座位靠瀨戶內海側，也就是岡山往廣島行車方向的左側；D、E 座位在山側 (後述一排 4 席時則是 A、B 靠海，C、D 靠山)。若有鍾愛的窗景，可於劃位時告知站務員，例如想在經過福山站時瞧見福山城天守，就得坐山側的靠窗座位。

● 搭指定席好處

1. 一定有座位，四周也不會有乘客站立，舒適感較高。
2. 在Mizuho號、Sakura號與部分Kodama號(700 系列車)班次，指定席為一排4個位子，空間更寬敞。

來往岡山站與廣島站的JR幹線車種介紹

(＊資訊時有異動，請依官方公告為準)

車種	停靠站	時間	備註
Nozomi (のぞみ)	多數從岡山站直達廣島站 少數在途中停靠福山站	35 分鐘	每排靠窗座位處皆有插座，可為行動電話、電腦，與網路分享器等隨身設備充電
Mizuho (みずほ)		35 分鐘	
Sakura (さくら)	岡山站、福山站、廣島站	39 分鐘	
Hikari (ひかり)		54 分鐘	
Kodama (こだま)	岡山站、新倉敷站、福山站、新尾道站、三原站、東廣島站、廣島站	80 分鐘	

3.指定席的車廂通常在列車中段,上下車徒步距離較短。

● 搭指定席缺點:

1.費用較高。

2.得先去人工櫃台劃位,會耗費一些時間。

3.若行程臨時有所異動,原本劃好的位子沒有取消就浪費掉了。

搭乘自由席座位

若只是在岡山與廣島之間移動,由於車程時間不算久,牛奶杰也會建議搭自由席。一方面可以省去劃位的時間,另一方面只要有車來就能搭,行程的彈性度提升不少。也在此整理各列車的自由席車廂位置提供參考,如下:

這個區間的自由席通常不難找到空位,尤其是 Kodama 號列車,以及以廣島站為起訖點的 Nozomi 號列車,有靠窗空位的機會很高。唯自由席的車廂位置是在列車的頭尾兩端,上下車時得多走兩步路。

此外,該區間的新幹線列車為 16 節車廂或 8 節車廂,請依地面指引的候車位置乘車,由於兩種長度的列車停靠時,1 號車廂所在位置是不同的,候車時需多加留意。

車種	車廂數	自由席車廂位置				
Nozomi	16 節	博多端	1 ～ 3			新大阪端
Mizuho	8 節	博多端	1 ～ 3			新大阪端
Hikari	16 節	博多端	1 ～ 3 ～ 5			新大阪端
Sakura	8 節	博多端	1 ～ 3			新大阪端
Kodama	8 節	博多端	1~3		7 ～ 8	新大阪端

備註:「博多端」也就是「往博多行駛的列車之前端」(＊資訊時有異動,請依官方公告為準)

1 山陽新幹線是暢遊岡山與廣島時相當重要的交通工具 **2** Nozomi 列車往來岡山與廣島最快僅需 35 分鐘左右 **3** 黃灰相間的 Rail Star 常跑 Kodama 班次,實用性很高 **4** 不同新幹線列車等級的自由席車廂位置略有不同 **5** 搭自由席時,請留意月台上標示的最後位置,別站錯位置等車

山陽新幹線博多▶大阪 路線圖

博多 小倉 新下關 厚狹 新山口 德山 新岩國 廣島 東廣島 三原 新尾道 福山 新倉敷 岡山 相生 姬路 西明石 新神戶 新大阪

瀨戶內海

JR在來線

這裡介紹幾條遊客們在岡山與廣島地區旅行時，常會搭乘的 JR 在來線（均由「JR 西日本」負責營運）。搭乘 JR 在來線的列車時，請於進站上車前用自動售票機購票，出站時記得要把車票繳回。

JR山陽本線 S

岡山與廣島之間最重要的在來線，不過目前沒有串聯兩地的特急或快速列車，主要得仰賴普通列車，沿途各站皆會停靠，從岡山到福山約需 70 分鐘，岡山至廣島則需 3 小時。

由於路程較長，沒有岡山＝廣島全程運行的列車，得在途中糸崎站或三原站轉車。

岡山在 15:30 之後至下班高峰結束時，大約每 30 分鐘會發 1 班「Sunliner」（サンライナー）快速列車，至福山僅需 50 分鐘。

JR伯備線 V

由岡山經倉敷通往山陰地區的路線，全線電氣化，部分區間為雙線，可說是最重要的「陰陽連絡線」。有特急列車行駛，前往備中高梁站的讀者也可利用。

JR桃太郎線 U

岡山外圍的地方路線，正式名稱為「JR 吉備線」，但途經桃太郎故事起源處，因此以別

名著稱。該路線是單線且非電氣化的鐵路，但班次不算稀疏，且常以多節柴油客車串聯行駛。終點的總社站可轉乘伯備線。

JR瀨戶大橋線與宇野線 M 與 L

「瀨戶大橋線」是岡山往四國方向的路線之統稱，在岡山到茶屋町站區間其實是借道宇野線。讀者前往兒島、下津井與直島時會用到它們。往來四國的特急列車與班次頻繁的 Marine Liner 快速列車行駛於瀨戶大橋線。

小提醒

特急列車怎麼搭？

如果想搭乘特急列車，請洽綠窗口的站務員，加購特急自由席券或特急指定席券。溝通時若沒辦法唸出車站名稱，以手寫（或手機顯示）站名漢字、日期、時間，與人數，通常沒有太大問題。

4

JR吳線 Y

從廣島站往來三原站的路線(實際起點為海田市站)，相當於山陽本線靠瀨戶內海的外環道。從廣島前往吳市會用到此線，途中常有濱海區間，景色非常好，也有觀光列車行駛。

5

1 在來線上的特急列車也可以多加運用
2 除了看路線名稱，各路線也有自己的英文代號與顏色方便辨識
3 227系的 Red Wing 為廣島周邊路網目前的主力車種
4 岡山與廣島地區仍有部分在來線未電氣化，會由柴油客車載客
5 用自動售票機購票便可搭乘在來線的普通與快速列車

ICOCA 電子票證

JR 西日本發行了電子票卡「ICOCA」，在上述路線幾乎都可使用(宇野線的茶屋町站到宇野站是排除範圍，伯備線在備中高梁站以北有部分車站排除)。憑卡在有效範圍的車站可快速感應通過改札機(自動剪收票機)。在城市中的路線巴士多數適用，也可用於便利商店等場所的小額付款。

成人 ICOCA 可由自動售票機構買，初次購買需付 ¥2,000，含 ¥500 押金與 ¥1,500 餘額，可反覆儲值。兒童 ICOCA 則向綠窗口洽購(小學以上的兒童需購票)。JR 東日本的 Suica 等 9 張大規模發行的智慧票卡，可與 ICOCA 通用。

1 憑 ICOCA 感應扣款搭車，相當方便 2 在 JR 車站利用一般的自動售票機便可購買 ICOCA

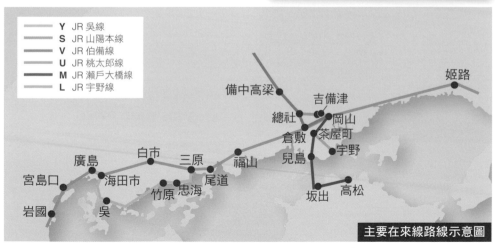

Y JR 吳線
S JR 山陽本線
V JR 伯備線
U JR 桃太郎線
M JR 瀬戶大橋線
L JR 宇野線

姬路
備中高梁 吉備津
總社 岡山
倉敷 茶屋町
白市 三原 福山 兒島 宇野
廣島 海田市 尾道
宮島口 竹原 忠海 坂出 高松
岩國 吳

主要在來線路線示意圖

鐵道周遊券

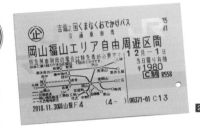

這裡為大家整理在岡山與廣島地區遊玩時，較有可能用到的 10 種企劃車票。牛奶杰特別提醒幾個購買及使用說明：

1. 各票券均可入境後購買，部分在海外先預購有優惠價。但請留意受理購買及兌換地點，每張票券都不太一樣，且綠窗口的服務時間各站也不同。

2. 可搭山陽新幹線的票券，就能搭Hello Kitty新幹線列車。

3. 關於JR西日本宮島渡輪，P.51表內的10張企劃票除吉備之國1日券之外都可以搭乘。

4. 關於JR西日本在主要車站的單車借用服務「EKIRIN」，表內的10張企劃票除西遊紀行、吉備之國1日券、日本鐵路通票、青春18旅遊通票之外都可使用。

5. 關於中國JR巴士(廣島觀光巡迴巴士 Meipuru~pu)服務，表內的10張企劃票除山陰＆岡山地區鐵路周遊券、吉備之國1日券、日本鐵路通票、青春18旅遊通票之外都可使用。

1「山陽＆山陰＆北部九州地區鐵路周遊券」適合同遊北九州的旅人 2 吉備之國 1 日券 (吉備の国くまなくおでかけパス) 對於在岡山本地的行程 CP 值很高 3「瀬戸內地區鐵路周遊券」的效力範圍還包括往來四國的高速船 4「山陽＆山陰地區鐵路周遊券」可涵蓋遊客在岡山與廣島地區的多數旅程 5 在海外先購入兌換券，通常會享有一些費用優待

10張岡山廣島鐵道周遊券推薦

（＊資訊時有異動，請依官方公告為準）

名稱	日數	大人票價	小孩票價	票券涵蓋範圍					使用範圍重要提醒	備註說明
				山口	廣島市周邊	岡山市周邊	關西	山陽新幹線		
關西＆廣島地區鐵路周遊券	5	¥14,500*1	¥7,250*1	岩國	O	O	O	O	瀬戶大橋線至高松 京都丹後鐵道全線	網路預約取票 不含岡山站
www.westjr.co.jp> 繁體中文 > 優惠車票 >JR 西日本鐵道周遊券 > 關西 & 廣島地區鐵路周遊券										
山陽＆山陰地區鐵路周遊券	7	¥20,000*1	¥10,000*1	O	O	O	O	O	山陽新幹線至博多 瀬戶大橋線至高松 智頭急行線全線	網路預約取票 不含岡山站
www.westjr.co.jp> 繁體中文 > 優惠車票 >JR 西日本鐵道周遊券 > 山陽 & 山陰地區鐵路周遊券										
山陰＆岡山地區鐵路周遊券	4	¥5,500*1	¥2750*1	萩	X	O	X	X	智頭急行線全線 不含瀬戶大橋線	網路預約取票 不含廣島站
www.westjr.co.jp> 繁體中文 > 優惠車票 >JR 西日本鐵道周遊券 > 山陰 & 岡山地區鐵路周遊券										
廣島＆山口地區鐵路周遊券	5	¥12,000*1	¥6,000*1	O	O	X	X	O	山陽新幹線至博多	網路預約取票 僅廣島站與博多站
www.westjr.co.jp> 繁體中文 > 優惠車票 >JR 西日本鐵道周遊券 > 廣島 & 山口地區鐵路周遊券										
岡山、廣島、山口地區鐵路周遊券	5	¥14,500*1	¥7,250*1	O	O	O	X	O	瀬戶大橋線至高松	
www.westjr.co.jp> 繁體中文 > 優惠車票 >JR 西日本鐵道周遊券 > 岡山 & 廣島 & 山口地區鐵路周遊券										
西遊紀行「瀬戶內地區鐵路周遊券」	5	¥18,000*1	¥9,000*1	限山陽新幹線與山陽本線沿途，及少數周邊路線			O	△僅限自由席	*2	特急列車也只能搭自由席
www.westjr.co.jp> 繁體中文 > 優惠車票 > 瀬戶內地區鐵路周遊券										
山陽＆山陰＆北部九州地區鐵路周遊券	7	¥23,000*1	¥11,500*1	O	O	O	O	O	北九州（熊本、長崎、大分） 瀬戶大橋線至高松 智頭急行線全線	
www.westjr.co.jp> 繁體中文 > 優惠車票 > 山陽 & 山陰 & 北部九州地區鐵路周遊券										
吉備之國1日券	1	¥1,980	¥520	X	X	O	X	X	岡電與井原鐵道全線	於使用前一日購買
www.jr-odekake.net > 鉄道のご案内 > きっぷ・定期 > トクトクきっぷ > 吉備之国くまなくおでかけパス										
日本鐵路通票	7	¥29,110	¥14,550					△*4		
www.japanrailpass.net										
青春18	任選5	¥11,850	¥11,850	O	O	O	O	X		不能搭新幹線與特急列車
www.jreast.co.jp>Language> 繁體中文 > 票價與通票 > 青春 18 旅遊通票										

備註：
1. O 可用、△有條件可用、 X 不能用
2. 標示說明： *1 若先在海外或網路預約，票價優惠大人 ¥1,000、兒童 ¥500。*2 可搭範圍包括：山陽新幹線至博多、瀬戶大橋線至高松、予讚線至伊予大洲、土讚線至琴平、高德線至栗林；岡山電鐵全線；廣島至松山的高速船；島波 Cycle Express 等（其餘可搭乘項目請見官方說明）。*3 表內以 7 天份普通車廂的版本進行比較。另有以 14 天或 21 天期限的票券；除普通車廂版另有綠色車廂版（Green Car 商務車）。*4 在山陽新幹線不能搭 Nozomi 號與 Mizuho 號列車。

特色主題列車

🚈 Hello Kitty 新幹線列車

無嘴貓的神奇魅力

JR 山陽新幹線每天有上百班列車往返，最讓小朋友與鐵道迷期待的，應該就是 2018 年登場的「Hello Kitty 新幹線」了。

這輛 500 系 V5 編成的新幹線列車，有別於原本灰色搭配藍色、給人剽悍冷靜印象的標準塗裝，換穿代表 Kitty 的粉紅色與白色。車體側面更以緞帶與蝴蝶結圖案貫穿全車，象徵著「維繫」與「連結」沿路各地區的願望。

Hello Kitty 新幹線於 2018 年 6 月開始載客，每天早上從九州的 JR 博多站出發，往返 JR 新大阪站 1 趟，固定擔任 Kodama 730 號與 Kodama 741 號班次，沿途停靠山陽新幹線各站。經過廣島站一帶時正逢上班時段，許多穿著西裝、提著公事包的大叔們看到她進站，也會忍不住拿起手機留影 (可能是想回家跟小孩炫耀吧) ！

JR 西日本除了為她製作專屬網頁 (www.jr-hellokittyshinkansen.jp，網頁亦有繁體中文可選讀) 之外，還在旗下的企劃票券網頁標上 Kitty 頭像，提醒遊客哪些 Pass 可以用來搭乘本車。

Hello Kitty 新幹線有固定行駛班次，但若遇到車輛檢修，則會由一般的 500 系列車代打。不想錯過她的讀者，記得先到專頁確認一下出勤的日期喔！

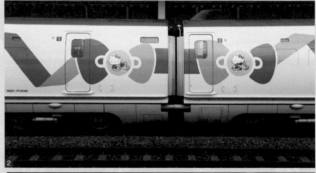

1 Hello Kitty 新幹線的座椅扶手、頭巾與窗簾都有巧思
2 8 節車廂的 Hello Kitty 新幹線，外觀略有不同
3 大大的蝴蝶結，讓可愛指數繼續攀升
4 粉嫩的 Hello Kitty 新幹線，從企劃曝光階段就備受矚目

小錦囊

別錯過特別車廂

除了全車身的粉系彩裝，列車的1號車廂與2號車廂內也有特別企劃。

1 號 車 廂「Hello! Plaza」

充當山陰與山陽地區的觀光宣傳案內所，有大型螢幕播放各地的遊覽訊息。另一半車廂為周邊商品販賣部，包括衣服、餅乾、證件套，扭蛋以及瓶裝水等等。遊客想守住荷包全身而退，需要堅強的意志力呢！

周邊商品不僅在列車上販售，沿途各站由JR西日本經營的販賣部也會有，如紙膠帶、文件夾、糖果等等。車上與車站的產品有一大部分不會重複，提醒大家別忘記要多逛逛。

Hello Kitty 新幹線的1號車廂有一處販賣部

2 號 車 廂「Kawaii! Room」

有一處適合跟Hello Kitty一同合照的空間。這兩節車廂劃為自由席，持有有效車票的旅客皆可進出，無需特別指定座位。

其餘的3～8號車廂雖無太多改裝，但在地板、座椅側邊的面板，以及窗戶的窗簾，仍可發現變裝的巧思。

別忘記來2號車廂和Hello Kitty合影

🚃 旅行箱列車

黑白列車設計絕非「黑白來」

旅行箱列車(ラ・マル・ド・ボア，La Malle de Bois，又稱「旅的道具箱列車」)是 JR 西日本在 2016 年推出的觀光列車，適逢當年舉辦「瀨戶內國際藝術祭」，富有設計感的旅行箱列車在岡山一上線，立即受到愛好藝術者矚目，其外觀與專屬標誌，由年輕的設計師大黑大悟操刀，背後支持者還包括藝術祭重要推手的北川富朗等人。全車以白色與黑色搭配，雖是最單調又不具情感的顏色，但經設計師創意發想，以各種旅行箱圖案進行裝飾，已成為岡山地區最具代表性的觀光列車。

在 JR 瀨戶大橋線與 JR 宇野線的沿途各站，都會掛著旅行箱列車的布條，甚至還推出了專屬配色的垃圾桶。

旅行箱列車還有一項特別功能，是在客室附有腳踏車架，讓車主不用拆裝單車，便可直接牽入車廂，帶著愛車一同旅行。在週末假日前

後從岡山出發，往來宇野和尾道，偶而也會度過瀨戶內海到四國的高松或琴平，讓單車客能更容易在瀨戶內海兩岸騎乘。

列車上嚴選沿途的美食與精品，讓遊客作為紀念品，其中包括做工精美的「NPO工房尾道帆布」等製品。車上銷售多種原創商品，只有在此才能購得，像開罐器、毛巾、列車造型的磁鐵裝飾，以及有「La Malle de Bois」字樣的手機袋等。

http www.jr-odekake.net＞おすすめの旅 ＞観光列車の旅時間＞岡山・福山エリア＞ラ・マル・ド・ボァ

3

4

1 宇野站也有特別搭配旅行箱列車的裝飾 **2** 旅行箱列車的塗裝配色簡單，卻相當吸引人 **3** 專屬的紙膠帶周邊商品 **4** 旅行箱列車圓圓的 head mark 相當可愛

小錦囊

全車 Green Car

旅行箱列車僅有兩節車廂，總共 51 席座位，設定為較高級的綠色車廂，旅客須向各車站的綠窗口或自動售票機購票劃位才能搭乘。持各種企劃票券的讀者，如果不是 Green Car 的版本，也得再多付一點費用。

由通勤電車改裝的她，車內換上典雅舒適的綠色座椅，另有轉向側面的高腳椅與長吧台，讓乘客有不同的觀景感受。車內陳列的旅遊書籍與造型擺飾，增添了濃厚旅情。桌上擺放的平板電腦，可瀏覽先前乘坐者上傳的照片；遊客也可至專屬平台，和後續旅行者分享自己的攝影成果。

瀨戶內 MARINE VIEW 列車
搭乘船舶列車看盡海岸美景

如果要選一條跟瀨戶內海關係最密切的鐵道路線，JR吳線應該能脫穎而出！

吳線的頭尾兩端，都跟JR山陽本線連結，分別是廣島端的JR海田市站，與福山端的JR三原站。它的總里程為87公里，比同區間的山陽本線足足多了25公里，乃因它是沿著瀨戶內海的岸邊蜿蜒前進。

搭乘吳線的列車，就會有許多看海的機會。鐵道雜誌每每刊出吳線的照片，也都選用列車在海岸行駛的蔚藍絕景。

JR西日本的廣島支社看準這項賣點，於2005年10月推出了「瀨戶內 MARINE VIEW」（瀨戶內マリンビュー）觀光列車，由JR廣島站出發，經吳、廣、竹原與忠海等站，最後抵達三原，讓遊客飽覽瀨戶內海景致。

尤其在忠海站到安藝幸崎站之間，有一段列車是完全倚著海堤行駛，四周沒有道路、也沒有住戶，一邊是山坡峭壁、另一邊就是湛藍大海，彷彿進入了未知的絕境，相當吸引人！

瀨戶內列車由兩節 Kiha47型柴油客車改裝，

以「船舶」為主題重新包裝，車身由水藍色搭配白色，車門與窗框則如許多豪華遊艇鑲上金邊，車窗也變成艙房常用的圓形窗戶。列車頭

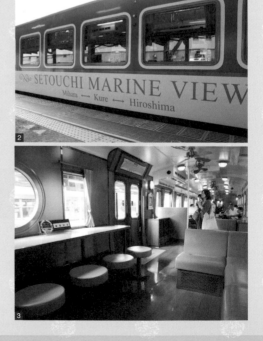

尾的端面，加上了槳與救生圈的裝飾，彷彿真的有船隻跑上了岸在軌道載客呢！

車內裝潢同樣以船舶主題進行發揮，牆上掛有船的輪舵，櫃子則有羅盤與安藝灘附近海域的航海圖。如果有心想成為偉大探險家、尋找遺落航路的旅人，先來試試自己的領航功力如何吧！

瀨戶內列車的開行日，通常是週末的兩天，上午十點多從廣島發車，約莫花 2 小時抵達竹原，再加 10 分鐘到忠海，並於用餐時段抵達終點三原站。稍微休息後再由三原循原線返回廣島，每天開行 1 趟往返。兩節車廂中 2 號車是自由席，任何人只要有車票都能搭乘，無需劃位，是一班相當佛心的觀光列車。

順道一提，瀨戶內列車所使用的 Kiha47 型與 Kiha40 系姊妹車，為國鐵時代大量生產的輕型柴油客車。由於數量眾多，現今也成為各家 JR 改造觀光列車的大宗。例如在四國引發風潮的「伊予灘物語號」（伊予灘ものがたり）列車，也是由兩節 Kiha47 型變身而來！

1 MARINE VIEW是JR吳線最耀眼的觀光列車 2 MARINE VIEW的車體配色相當典雅 3 指定席車廂的座位有多種變化 4 用羅盤看看目前的行進方向

🚊 MOMO電車
浪漫氛圍猶如置身咖啡館

岡電的新世代低底盤電車，有多節車廂，內裝敦請設計師水戶岡銳治操刀，運用木頭材質，還附有小桌子，讓搭電車變得更加愜意，就像是在咖啡館欣賞流動的畫作。

1 MOMO 電車為岡電的新銳車款 2 MOMO電車的內裝令人耳目一心

🚊 TAMA電車(小玉電車)
注意！傳奇貓站長在此現身

岡電是和歌山電鐵的母公司，也就是在關西締造貓站長傳奇的幕後功臣。為此，岡電也有兩輛「小玉電車」會在岡山市區來回穿梭，大家可以留意貓咪的身影喔！

1 TAMA 電車的內裝也很特別 2 貓站長塗裝的TAMA 電車

🚃 KURO電車(夢二電車)

用車身向藝術家致敬

KURO 電車正如其名，全身黑嘛嘛的，感覺相當高雅獨特。KURO 電車同時也是「竹久夢二」紀念電車，為紀念大正時代從岡山出身的畫家，將其作品展示於車身，相當特別。由於 KURO 電車為 1950 年代的產物，未裝設冷氣，因此在 6 ~ 9 月間會放暑假暫停服務。

1 KURO 電車正如其名全身黝黑 2 KURO 電車仍維持早期的木造地板

🚃 東武日光軌道復元號

每年僅36班次的古董級電車

與 KURO 電車同樣早年服務於東武電鐵在日光地區的路面軌道線，該系統廢除後才轉籍到岡山開闢事業第二春。由於年勢過高，有著東武塗裝的復元號電車僅在每個月的第一個星期六行駛兩趟往返，且 7 ~ 9 月放暑假暫停營運。換句話說，博物館級的老古董每年頂多跑 36 班車，當作動態保存喔！

1 3005號電車每個月只上半天班，且每年 7 ~ 9 月公休不營運 2 年勢已高的她，對鐵道迷而言可說是無價珍寶

🚊 縣民共濟電車

小孩最愛的扭蛋列車

和歌山電鐵有一輛名聞遐邇的「玩具電車」，全車以各種玩具裝扮，車內還擺放多部扭蛋機，成為沿途家長帶小孩出門時最怕碰到的電車。

岡山街頭也有一輛電車附有 4 部扭蛋機，其車身沒有華麗裝飾，但有著「縣民共濟」的廣告字樣。這是一輛籌措地方福利資金的電車，扭蛋收入將作為公益用途，而且轉一次扭蛋只需 ¥20，堪稱岡電陣中最溫暖的電車！

1 縣民共濟電車是一輛有特殊社福使命的公益電車
2 **3** 車門旁裝有兩部扭蛋機，歡迎多多光顧

🚊 漢諾威電車

和廣島一樣重生的德國老電車

說起老電車，廣島電鐵除了有仍在服務的「原爆電車」外 (請見 P.160)，還有一輛 1950 年誕生的老車，是來自德國的漢諾威。她在漢諾威街頭服務至 1976 年退休，保存於市電博物館，到了 1988 年適逢廣島與漢諾威締結姊妹市 5 週年，將她贈與廣島，並重新在廣島的道路上載客。

儘管她的出生證明登記是 1950 年，但其實有許多零件是來自 1928 年出廠的舊車，原車在二戰中受損，經修復後於 1950 年重新登場。她的復活，跟廣島的重生有著相似的身世！

這輛 238 號電車是 200 型唯一一輛，由於無法加裝冷氣，只會在每年 11 月至隔年 3 月的週日與假日上線，服務於橫川站至江波站間 (無法用智慧票卡扣款)。具有歐風外型的她，每年 12 月也會化身聖誕電車，參與廣島與漢諾威兩市合辦的文化活動。

1 漢諾威電車的外型與圖中一般電車差異相當大 **2** 遠渡重洋而來的漢諾威電車

公 路

巴士

除了搭乘火車，讀者在岡山與廣島地區的行程，也有不少機會搭乘路線巴士，甚至是高速巴士。

高速巴士往來岡山與廣島

岡山到廣島之間有高速巴士行駛，路線是由岡山站西口的 26 號站牌出發，連結廣島市中心的巴士總站(離紙屋町、紙鶴塔徒步 3 分鐘)。

- 班次：每天有10趟往返，週末假日再加3趟
- 行車時間：2小時32分鐘
- 費用：單程 ¥2,900(兒童半價)，來回 ¥5,200(無兒童來回優惠)

路線巴士在區域內搭乘

搭乘路線巴士時，通常都是由後門上車、前門下車，並於下車時支付車資(多數的路面電車亦同)。

車資若非全程單一價，而會越遠越貴，則需在後門上車時，向門邊的機器抽取一張「整理券」。下車時根據整理券的號碼，對照車資顯示板的號碼與價格，將整理券與費用一同投入運賃箱(票款箱)。如果遺失整理券，得支付巴士起站至下車地點的車資，請格外留意。

運賃箱也有將千元鈔票兌換為零錢的功能，將鈔票送進「両替」(兩替，意指換錢)位置即可，甚至大額的硬幣也可換小喔！

1 岡山與廣島之間也有高速巴士行駛 **2** 路線巴士通常由後門上車、前門下車 **3** 路電與巴士上的運賃箱，通常另提供兩替換硬幣的功能

小錦囊

智慧票卡乘車好方便

目前在岡山與廣島市區搭乘的路線巴士，多半已接受 ICOCA 或 PASPY 等智慧票卡感應扣款，省去使用零錢。憑電子票證乘車時不用抽整理券，後門上車時先感應一次記錄上車地點，以作為下車時算車資的依據。

兩地的路面電車與多數巴士已接受 ICOCA 付款

租車自駕

租車的便利性遠高於仰賴大眾交通工具，近年很受遊客歡迎。

讀者想租車出遊，可先透過租車業者的網站預約，輸入租車與還車的時間地點，再挑適當的車款(同行者人數與行李數都要納入考量)。常用的租車網站如 tc.tabirai.net/car，能以中文介面進行跨車行比價，選訂想要的車款。

如有兒童安全座椅等特殊需求，在預約時就要提出。最後選擇要購買哪些保險(建議選最周全的保護)。訂單完成後，只要在約定時間地點取車付款即可。

在租車公司取車時，務必要同時攜帶我國的駕照正本，與駕照的日文翻譯本(並非國際駕照，譯本申請方式請見 P.231)，兩者缺一不可。

租車時通常會附 GPS 導航設備，部分有繁體中文介面，業者會詳加說明示範。有些導航器在車輛行進同時為免駕駛人分心，無法輸入新目的地。

行車時請注意安全，遵守路權的先後次序原則，適時禮讓。駕駛座在左或在右，對一般人不是太大問題，但請稍加留意轉彎時勿駛於對向車道。另外，雨刷和方向燈的操作位置也是左右顛倒，需要一點時間適應。

如果對於右側駕駛沒有把握，臺灣有駕訓班引進了右駕車，可在教練場內先體驗，建立好自信再於日本租車出遊。

日本城市中基本上沒有「免費路邊停車」這回事，要有到哪都得付停車費的心理準備。停車場計費方式五花八門，請詳閱各場說明。若標示「月極」是指包月長租的車位，外車勿停。

順道一提，行駛於付費道路時，人工收費方式跟進出停車場很像，進入收費道路時取票卡或代幣，離開時繳費。

■1 大型車站附近多半會有租車公司設點 ■2 在日本租車自駕，有機會接觸一些台灣沒有的車款 ■3 日本幾乎沒有「路邊停車」，想停車就得找停車場 ■4 租車前不妨多比較價錢，並事先完成預約

水上交通

　岡山與廣島就在瀨戶內海的岸邊，在此旅行也有不少搭船的機會。尤其是要前往宮島、江田島，或是「瀨戶內國際藝術祭」重要舞台的各個島嶼處，勢必都得透過船隻進行移動。一般來說，瀨戶內海本身的浪濤相對較少，乘船過程通常不會有太大的起伏，即便是原本在陸地就容易暈車的遊客，在此或許也能享受徜徉大海的經驗喔！

　遊客們在岡山與廣島地區常會用到的航線，大概有這幾條：

1.宮島口▶宮島

　遊客如果要到宮島拜訪嚴島神社，多半都會利用宮島航路。

- 航線：由本州端的宮島口棧橋，往來島上的宮島棧橋
- 營運業者：JR 西日本宮島渡輪、松大汽船
- 船型種類：中型渡輪
- 航程時間：10 分鐘
- 費用：單程 ¥180、去回 ¥360(兒童皆半價)

2.世界遺產航路

　這是另外一條前往宮島的航線，名稱由來是它聯結了嚴島神社與廣島市區內的原爆圓頂館兩座世界文化遺產，讓遊客們一箭雙鵰同時拜訪兩大著名景點。

- 航線：原爆圓頂館往來宮島，廣島端乘船位置在鄰近原爆圓頂館的元安橋旁
- 營運業者：Aqua Net 廣島 (アクアネット広島)
- 船型種類：高速船
- 航程時間：約 45 分鐘
- 費用：單程 ¥2,000、去回 ¥3,600(兒童皆半價)

3.吳市▶江田島

　江田島是昔日日本帝國海軍，以及今日海上自衛隊幹部的搖籃，島上的軍事學校每日皆開放民眾參觀，而且史料內容相當豐富，對於文史與軍武國防有興趣的讀者應該不會錯過。

- 航線：從吳市的中央棧橋出發，航行至江田島的小用棧橋
- 營運業者：瀨戶內海汽船
- 船型種類：高速船、中型渡輪
- 航程時間：高速船10分鐘、渡輪20分鐘
- 費用：高速船 ¥550(兒童 ¥280)、渡輪 ¥390(兒童 ¥200)

4.尾道▶鞆之浦

這條航線串聯了廣島地區的兩個人氣景點，但僅在 3 ～ 11 月的週末假日航行。

- 航線：從島波海道起點的尾道站前棧橋，往來福山的古老港口鞆之浦
- 營運業者：瀨戶內巡航 (瀨戶內クルージング)
- 船型種類：小型渡輪
- 航程時間：單程時間約55分鐘
- 費用：單程 ¥2,500、去回 ¥4,000(兒童皆半價)

5.宇野▶直島

這也是一條相當熱門的航線，從岡山端的宇野港出發，前往直島上的 3 座港口，遊客多由西側的宮浦港登岸。

- 航線：宇野港往來直島 (宮浦港或本村港)
- 營運業者：四國汽船
- 船型種類：高速船、渡輪
- 航程時間：宮浦航線高速船15分鐘、渡輪 20 分鐘；本村航線高速船 20 分鐘
- 費用：單程 ¥290(兒童 ¥150)、去回 ¥560(無兒童票)。兩種船型票價相同、去回票可混用

6.廣島港▶松山觀光港

如果要將造訪的範圍從廣島延伸到四國的松山地區，可以搭乘這條航線的快速船，會比搭火車繞行瀨戶大橋快上許多。儘管船票費用定價較高，但外國人搭乘享有優惠折扣，另外也有企劃套票可以折抵這段的費用喔！

- 航線：廣島港 (宇品) 經由吳港，往來松山觀光港
- 營運業者：瀨戶內海汽船
- 船型種類：噴射船、中型渡輪
- 航程時間：噴射船 1 小時 10 分鐘、中型渡輪 2 小時 40 分鐘
- 費用： (＊資訊時有異動，請依官方公告為準)

	成人		兒童	
	單程 *	去回	單程	去回
噴射船	¥4,970	¥13,490	¥3,430	¥6,520
中型渡輪	¥2,520	¥6,840	¥1,800	¥3,420

備註：外國人另有優惠企劃

除了上述列舉的這些航線之外，其他如尾道▶井戶田、宇野▶小豆島、宇野▶高松、高松▶直島、高松▶小豆島、高松▶女木島▶男木島，還有鞆之浦▶仙醉島等，也都是旅人們頗有機會用到的水上航線。

1 宮島航路可能是遊客們最常利用的船班了 2 在岡山與廣島旅行，常有利用船舶的機會 3 許多居民每天都得仰賴渡輪通勤 4 瀨戶內海的水面相對和緩，不太需要擔心暈船的問題

常用水上交通路線圖

岡山

岡山號稱「晴天之國」，氣候宜人很適合造訪。岡山市的岡山城與後樂園，周圍的吉備津、高梁、倉敷、兒島，與瀨戶內海的直島等處，都是值得推薦的去處。這裡也據稱是桃太郎的故鄉，來此不妨品嘗一下桃太郎的吉備糰子吧！

津山

高梁　岡山縣

倉敷　　岡山

兒島　直島

百年流傳好滋味！

岡山

限定獨特美味

おいしい

讓人食指大動的經典美味

吉備糰子/吉備団子
源自桃太郎的經典糰

✉ 岡山市中區中納言町7-32(中納言本店) ☎ 086-272-2268 ⏰ 平日 08:00～19:00、週末假日09:00～18:00 💲 ¥410起 ➡ 路電「中納言站」旁 ⏱ 10分鐘 🌐 www.koeido.co.jp

　「吉備糰子」就是桃太郎故事中收服小幫手們的糯米糰，現已發展出內含各種餡料的口味，適合搭配茶或咖啡一起享用。

　廣榮堂為吉備糰子的代表品牌，經典款為紅豆餡料的「元祖」口味，而抹茶、黃豆、鹽味檸檬，以及結合岡山本地特產的白桃口味也很有買氣，顧客也可選有多種口味的盒裝組合。

　位於倉敷美觀地區的廣榮堂倉敷雄雞店，因傳統日式老屋樓頂有1隻風見雞而得名，店內除展售空間外，還有咖啡廳以及1間藝廊。加入吉備糰子的聖代與剉冰也很受歡迎。

1 明治天皇巡幸岡山時也曾品嘗廣榮堂的甜點　2 廣榮堂的甜點據說是由藩主的茶人指導開發製作　3 廣榮堂的包裝由知名繪本畫家五味太郎操刀

牛仔漢堡、牛仔肉包
用嘴巴享受的丹寧味

　倉敷與兒島是日本牛仔褲的故鄉，在此也有機會吃到丹寧布色的漢堡與肉包喔！

　牛奶杰自己頗愛吃漢堡，但還是第一次看到藍色的牛肉漢堡，點餐後發現內層的麵包顯得比外層更鈷藍，視覺效果更加強烈。實際品嘗起來，味道沒有事先預期的詭異，牛肉、醬汁與生菜的搭配比例很好，是可以推薦給大家嘗試的餐點。

　肉包的麵皮也完全呈現藍色，同樣很有話題性。漢堡與肉包的售價均為 ¥350，如果多人同行也可以各點一份試試看喔！

4 牛仔漢堡還蠻好吃的，大家也可以試試　5 6 藍色冰淇淋好像沒那麼稀奇，但漢堡與肉包就罕見了

岡山市

岡山市為岡山縣的縣治所在地，也是日本在山陽地方僅次於廣島市的第二大城，市內居民約有 72 萬名，在日本排行第 20 位；整個都會區人口則估計有 150 萬人。

岡山市的地理位置深具優勢，除了有方便的鐵路網 (詳見 P.46 相關介紹)，能作為連結山陰與四國地區的樞紐外，岡山市作為本縣的行政中樞，也同時匯集了幾條地方性的鐵道路線。

對於海外遊客而言，岡山很適合作為暢遊中國地方的起訖點；甚至可以安排多天都住在岡山的旅館，以輻射型玩法規畫行程，白天輪番到各處去玩，晚間再回到固定的旅館，省去頻繁搬家的困擾。

除了 JR 岡山站周圍之外，路面電車「縣廳通」與「郵便局前」車站附近也是岡山相當熱鬧的商圈，以本地起家的「天滿屋百貨」為核心。

在常年的天氣觀測紀錄中，岡山縣由於下雨的日數較少，贏得「晴天國」的稱號，而岡山市區內要下雪的機會更是微乎其微。這裡也是傳統民間故事桃太郎的發源地之一，因此在岡山站前就可見到桃太郎的銅像，他的故事與設計元素也常融入此處的在地限定商品當中。

光是這幾項條件，就絕對值得讀者們撥出時間，規畫一趟行程到岡山市走走了。附帶一提，日本的岡山市跟台灣的新竹市，還締結了「友好交流都市」的關係喔！

1 象徵在地精神的岡山城 2 岡山站前的桃太郎銅像

岡山市街地圖

岡山市交通

路面電車

　　岡山市內最便捷的大眾交通工具，就是由「岡山電氣軌道會社」(OKADEN，岡山電気軌道)經營的路面電車。

　　電車路網為「F」字形，分成兩條路線。從JR岡山站東側位於桃太郎大通中央的分隔島出發，往東朝市內延伸。清輝橋線在柳川站後往南右轉，與東山線分道揚鑣。東山線則會度過旭川，抵達終點的東山站(也是岡電的車庫)。

　　搭乘時，請從車身中間位置的車門上車，抽整理券(百元區外則免)或感應票卡。抵達目的地車站時記得先按下車鈴，待車輛停妥，再依序由運轉士(駕駛員)旁的前門下車，並將整理券與車資一同投入「運賃箱」(票款箱)，或再次感應票卡刷出。若以現金付款但硬幣不夠，可在車上的「運賃機」(票價機)先兌幣。

🚌

- ●車資：在市中心區域為¥100，超出範圍均一價¥140
- ●支付方式：現金、智慧票卡(ICOCA等全國通用的10張，上下車皆須刷卡)
- ●整理券：在¥100區域內各站停靠時，會於車門旁的設備自動發放，憑券下車者僅需付¥100
- ●1日券：¥400(兒童半價)，可向車內運轉士購買
- ●網站：www.okayama-kido.co.jp

1 **7** 路面電車是旅人暢遊岡山的方便工具 **2** 岡電期間限定的「MT紙膠帶電車」**3** 候車時請留意方向，上車時留意台階與抽整理券(或感應卡片) **4** 要下車前計得先按鈴讓運轉士知道喔 **5** **6** 岡電路網呈F字形，靠車站端為¥100優惠區間

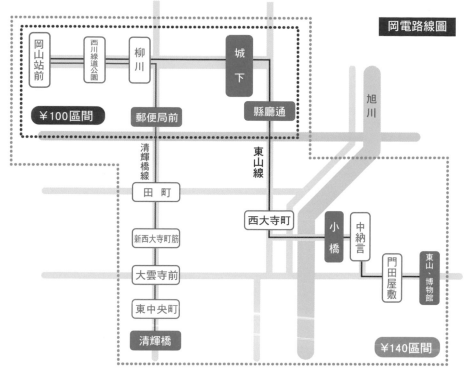

岡電路線圖

¥100區間

¥140區間

清輝橋線　田町　新西大寺町筋　大雲寺前　東中央町　清輝橋

東山線

岡山站前　西川綠道公園　柳川　城下　郵便局前　縣廳通

旭川

西大寺町　小橋　中納言　門田屋敷　東山、博物館

　路電的「岡山站前」(岡山駅前)停留場位在桃太郎大通的路中間,讀者可從JR岡山站東口走地下道抵達候車月台。往後樂園、岡山城方向的東山線電車會停靠右側的1番線月台;清輝橋線則為左側2番線月台。

　牛奶杰要特別提醒讀者,路電下車月台跟上車處不同,下車後只能走平面的斑馬線到大通左右兩邊的人行道,再前往車站或各處。往車站的路程超過200公尺,要轉車得多花點時間。

　車站東口將進行都更,未來路電車站會挪到緊鄰JR車站處,更方便轉乘。

小提醒

真正位於路中央的車站

　岡電的候車月台幾乎都在路中間,大多數設有突起於地面的月台與護欄等設施。但在離市中心較遠處,有少數車站沒有月台等建築物,候車處則是柏油路面畫上的綠色長方形區塊。

　讀者如果在這幾處搭車,在電車還沒抵達時前請待在路旁,當電車靠近車站時再大膽地走上路中間候車,周圍的車輛皆會禮讓。租車自駕的玩家在路電軌道附近駕車時,也得格外留意行人喔!

岡電有部分車站沒有突起月台,而是在路中間的綠色區塊上下車

巴士

岡山地區沒有公營的巴士服務，而是由多家巴士業者聯合建構載客路網。目前的主要業者有岡電巴士、兩備巴士(両備バス)、宇野巴士(宇野自動車)，以及下電巴士(下津井電鉄)等，尤其以岡電與兩備巴士為主力。

岡電由路面電車起家，於 1912 年開業，至 1929 年開始兼營路線巴士服務，於戰後的 1960 年納入兩備集團。換句話說，岡山地區的路線巴士服務主要由兩備集團負責。

各業者的路線起點，多半設定在市內的 3 處巴士總站，分別為歷史悠久的「JR 岡山站東口總站」、2010 年啟用的「JR岡山站西口總站」，以及岡山市區內的「天滿屋百貨」。

天滿屋所在處的 1 樓就是一處巴士總站，擁有 17 座月台，許多路線巴士從車站東口出發後，也都會繞去天滿屋的巴士總站載客，再前往岡山地區的各目的地。

岡山巴士服務資訊

(＊資訊時有異動，請依官方公告為準)

巴士種類	岡電巴士	兩備巴士	宇野自動車	下津井電鐵
付費方式	ICOCA 等智慧票卡	ICOCA 等智慧票卡	自屬卡片	ICOCA 等智慧票卡
主要服務	岡山市區內路線	岡山市往縣內各處	岡山市往縣內各處	岡山市往兒島地區
主要路線起點	JR 岡山站東口、天滿屋百貨	JR 岡山站東口、天滿屋百貨	JR岡山站東口、表町 Bus Center	JR 兒島站
網站	www.okayama-kido.co.jp/bus	www.ryobi-holdings.jp/bus	www.unobus.co.jp	www.shimoden.net

めぐりん循環巴士

遊客在桃太郎大通常會見到綠色短小車身的「めぐりん」循環巴士，這是在市區循環運行的短途系統，目前共有 4 條路線。遊客較有利用 3 號的「益野線」，可往來岡山站前至岡山城 (於表町入口、城下或県庁前等站牌下車)，車資 ¥100(兒童同價)，白天時段每小時約 4 ～ 5 班車。

公共自行車

遊客在岡山市區遊玩時，應該不時會在街頭的人行道上，見到本地的共享單車系統「ももちゃり」(MoMoChari)。如果能用藉此進行短距離移動，應該相當省力。

不過岡山目前這套系統，在註冊資料時會使用簡訊認證，且必須是日本國內的行動電話門號，因此對外國遊客而言會有些許困難。

めぐりん循環巴士的短小車身相當可愛　　　　岡山有共享單車，但外國遊客不便於註冊

小錦囊

搭巴士往來後樂園

　　遊客在岡山市區最常會用到的路線巴士，應該就是往後樂園的方向。從車站前往後樂園除了搭路電再步行至南門，也可以直接搭巴士至正門。巴士主要有 3 條路線，都在 JR 岡山站東口的 1 號站牌搭車。

特急直通巴士 / 特急(直通)バス

　　由岡電提供服務的直通巴士，車站經「後樂園前」站牌，開往夢二鄉土館美術館。部分班次會由貓咪巴士「夢二黑之助」，或有透明天窗的「Skyview Bus」(スカイビューバス) 行駛。
發車時段：10:10 ～ 15:38
班次：每 20 分鐘發 1 班車
車程：約 7 分鐘
車資：¥140(兒童半價)

岡山後樂園巴士 / 岡山後樂園バス

　　此路線由宇野自動車營運，深綠色車身的大型巴士，外觀相當典雅。巴士從車站出發沿途停靠岡山縣立美術館就抵達後樂園。
發車時段：09:15 ～ 17:15
班次：逢 15 分與 45 分鐘車站發車；逢 28 分
　　　與 58 分由後樂園折返
車程：約 10 分鐘
車資：¥100(兒童半價)

路線巴士18號系統

　　岡電的一般巴士，路線巴士會繞行天滿屋百貨才抵達後樂園。
發車時段：07:05 ～ 21:55
班次：白天時段每小時約有 5 班
車程：約 12 分鐘
車資：¥140(兒童半價)

1 2 貓咪巴士「夢二黑之助」
3 岡電巴士的特急直通巴士，可前往後樂園
4 岡山後樂園巴士往來車站與後樂園只要¥100

站前商圈
想得到想不到在這裡都買得到

　　JR 岡山站有分為西口 (運動公園口) 與東口 (後樂園口)，主要市區是在東口這邊，站外有許多店家，算是一處熱門的商圈。

　　正對車站、有路面電車運行的道路為「桃太郎大道」，路口左側就是大型 3C 量販店「BicCamera」(ビックカメラ，熟悉日本旅行的網友常以「大相機」稱之)，是在岡山選購各式家電非常推薦的地點。

　　沿著桃太郎大道在往前走 60 公尺，為 2018 年底整修重新開幕的 ICOTNICOT，2 樓有岡山市唯一的蔦屋書店，揭幕後立刻門庭若市。大相機左側有天棚的岡山站前商店街有「大國藥妝」(ダイコクドラッグ) 門市，2 樓為百元商店。

　　站前路口右側則有高島屋百貨岡山店，和老牌的天滿屋百貨分庭抗禮，B1 與 B2 為美食與名產街，並透過地下街和岡山站聯結。複合式生活百貨「唐吉訶德岡山站前店」在高島屋不遠處，營業至半夜 02:00，遊客不怕晚上睡不著。

　　岡山站東口的地下街稱為「岡山一番街」，有 98 家店鋪，為中國與四國地區最大的地下

街。除串聯車站與高島屋百貨，也可聯結路電的乘車月台，與南側的 AEON。

　　「永旺夢樂城」(イオンモール，AEON Mall) 是近幾年旅人們在岡山常指名拜訪的大型購物中心，營業面積近 2.8 萬坪，堪稱 AEON Mall 的西日本旗艦店，想買的服飾與想吃的美食，在 AEON 應該都不會少！

1 岡山站前的地下街也頗具規模 2 AEON Mall 占地廣大、店家齊全，受到遊客們青睞 3 ICOTNICOT 為 2018 年底加入戰局的新購物空間

TARO's SQUARE
タローズスクエア
將桃太郎融入餐飲的咖啡廳

Data

✉ 岡山市北区駅元町1-1 ☎086-801-0029 ⏰ 07:00〜21:00(最後點餐20:30) 💲黑咖啡¥400,花樣造型Latte¥550 ➡ JR岡山站東側站房1樓的非管制區 ⏱30分鐘 http www.jrsn-okayama.jp/company/omiyage

以及鬼島等6種花樣,再搭配模型灑上抹茶粉或可可粉,就有超過10種的變化了,在其他地方可能喝不到呢!

1

另外,這裡的蛋糕也以「鬼島」作為外觀的設計發想,相當有特色喔!

位於岡山車站東口1樓的「TARO's SQUARE」,是一個半開放性的場地,該空間除了讓エスタシオン咖啡店使用,也常作為特展企劃活動的舉辦地點。例如mt紙膠帶就曾利用這裡作為特展兼特賣的會場。

「TARO」的意思是「太郎」,也就是指桃太郎,TARO's SQUARE可說是以桃太郎為名的空間。エスタシオン咖啡店也為此發揮巧思,設計了多種跟桃太郎故事有關的產品,其中又以飲料上各種角色的專屬圖案最吸引人。

顧客在點選奶類的茶飲時,可指定要哪一位角色,共有桃太郎、雞僮、狗僮、猴僮、鬼,

1 狗僮造型的拿鐵,是不是很可愛呢 2 有機會不妨品嘗一下「鬼島蛋糕」 3 TARO's SQUARE是岡山車站內一處多元運用的空間

TARO's SQUARE

3

Via Inn
緊鄰車站的推薦旅館

✉ 岡山県岡山市北区駅元町1-25 📞 086-251-
5489 🕐 15:00(check in)～10:00(check out)
💲 通常是禮拜天晚上最便宜, 各方案約¥5,900起
➡ JR岡山站西側出口直接聯結 http www.viainn.
com/okayama

「Via Inn」設在 JR 岡山站旁，從車站中央
口（改札口）到旅館只需要 1 分鐘。儘管房內
多多少少會聽到一些列車聲音，但不到影響睡
眠的程度。

Via Inn 的主要出入口位於 2 樓，入住時請先
搭一趟電梯至 5 樓的櫃台check in。

旅館有許多房間會面對鐵道，深受鐵道迷喜
歡。房間內的設備應有盡有，窗前的大桌子與
座椅相當舒適，對於公務出差需要寫作業的旅
人也很方便。

旅館的各種入住方案均含免費早餐，用餐時
段為06:30～09:30，直接入座即可。早餐廳位
於旅館大廳旁，有大落地窗面對車站西口，窗

外的城市景觀相當吸引人，也能看到岡山站的
列車進出。如果天氣良好，的確能給人滿滿活
力的舒暢感，從一早就有愉快的心情。

早餐為自助式、日式與西式的餐點都有。其
中除了日式早餐必備的味噌湯與納豆之外，也
有美味的咖喱飯可享用，為減少產銷碳排放，
白米特別選岡山縣產。要特別留意的是，用餐
後請協助將碗盤置於回收台喔！

1 Via Inn 的早餐選擇多元，窗景更是一流 2 入住 Via Inn 可以選擇觀賞鐵道的房間，夜景也很漂亮

表町商店街
在地購物的絕佳去處

Data ✉ 岡山県岡山市北区表町 ➡路電「縣廳通站」徒步3分鐘 ⏱120分鐘 http omotecho.or.jp

　　有天棚屋頂加蓋的商店街，位於兩條路面電車路線之間，是市區內的主要商圈。「表町商店街」以本地零售業霸主的天滿屋百貨為核心，向南北兩端延伸，該路徑也是過去橫貫國土的山陽道。許多連鎖品牌要在岡山設立門市時，首選之地就在此處，也因此這裡是許多女性朋友，來岡山一定要朝聖的景點。

1 天滿屋百貨為岡山地區的老牌百貨業者 2 表町商店街是昔日城下町的熱鬧區域

公文庫咖啡
公文庫カフェ
在銀行金庫裡喝咖啡

Data ✉ 岡山県岡山市北区內山下1-6-20 ☎086-225-3009 ⏱11:00～20:00(最後點餐19:30)，週二公休 💲咖啡約¥500起 ➡路電「縣廳通站」徒步1分鐘 ⏱60分鐘 http www.renaiss.or.jp/cafe/cafe.html

　　「公文庫咖啡」所在建築物，原先是日本銀行的岡山分行，日銀搬到隔壁後，原址轉作藝文表演空間，公文庫是其附屬的咖啡廳。公文庫咖啡的座位分為內外兩處，內部座位與吧台位於以前的保險庫內，進出時還得經過一道厚重的鐵門呢！

1 舊日銀岡山支店現作為文化用途，並開設咖啡廳 2 厚重的保險庫鐵門，為店門口的特色

晴之國岡山館
晴れの国岡山館
岡山的特色物產一網打盡

Data ✉ 岡山県岡山市北区表町1丁目1-22 ☎086-234-2270 ⏱10:00～19:00，週二休館 ➡路電「城下站」徒步1分鐘 ⏱20分鐘 http www.okayamakan.or.jp

　　如果想選購岡山縣在地的特色產品，不妨在造訪岡山城或後樂園後，走一趟「晴之國岡山館」好好選購。店面就在路面電車「城下站」旁的商店街內，從車站穿過馬路即可抵達，價格實惠，是旅客購買伴手禮的絕佳選擇。

晴之國岡山館集結了各種岡山特產

岡山城
岡山的精神堡壘

文化資產

📮岡山県岡山市丸の内二丁目3-1 📞086-225-2096 🕐09:00～17:30(最後入館17:00)，年末3天為休館日 💲15歲以上¥300，6～14歲¥120，6歲以下免費，與後樂園的共通券¥560 🚃路電「城下站」徒步8分鐘 🕐45分鐘 http okayama-kanko.net/ujo

坐落於河畔高地上的「岡山城」，由於外牆塗上了黝黑的防火漆，因此在民眾心中又有「烏城」稱號。

岡山城最早約建於1360年代(確切時間尚待考證)，之後由宇喜多家、小早川家，與池田家接續擔任城主與本地的藩主。

宇喜多家統治岡山的16世紀後期，興建了擁有4重大屋頂的天守，在城外則規畫設置城下町，也就是現今岡山市區的原形。

城堡在明治維新過程中雖於1873年下令廢城，但仍保留了天守、月見櫓，與西之丸西手櫓等設施，可惜多焚毀於太平洋戰爭的岡山大轟炸中。目前的岡山城為1966年以鋼筋混凝土重建的成果，作為岡山居民的城市象徵。

岡山城與後樂園可說是互相借景。從天守閣有機會眺望園內的景致，在後樂園的風景中又有遠處的城堡點綴，彷彿過了花叢就可抵達城堡底下，但兩者之前其實是由旭川分隔在兩岸呢！旭川流過的天守閣的東側與北側，堪稱是城堡的天然護城河。

1在天守內能體驗以前搭轎子的感覺 **2**岡山城因烏黑外表而有「烏城」別稱 **3**岡山城周邊的楓樹不算多，但景色依舊可觀

後樂園
日本三大名園之一

Data

✉ 岡山県岡山市北区後楽園1-5 ☎ 086-272-1148
🕐 07:30～18:00(3月20日～9月30日, 冬季略為
縮短), 年中無休 💲 ¥400, 高中以下免費, 與岡山
城的共通券¥560 ➡ JR岡山站搭路線巴士7分鐘
🕐 60分鐘 http www.okayama-korakuen.jp

「後樂園」是岡山地區、乃至整個西日本地
區最具有代表性的日式庭園,面積有13.3公
頃,被指定為「國之特別名勝」。它跟水戶的
「偕樂園」、金澤的「兼六園」齊名,共稱為
「日本三大名園」。

後樂園過去是岡山藩主池田家擁有的大名庭
園,約從1687年開始動工,至1700年完成初
步規模。園內有多棟建築物,一方面造景,另
一方面也讓人賞景,其中以1691年興建的延
養亭御茶屋最重要。

明治維新後推動中央集權,藩主的地位不
再是地方的土皇帝。池田家要以私人之力維護
庭園並不容易,因此於1871年元月將後樂園
改為現名,隔月開放讓一般老百姓入園參觀。
「後樂園」的名稱典故為北宋范仲淹在《岳陽
樓記》所提的「先天下之憂而憂、後天下之樂
而樂」,池田家希望未來的政府領導者,仍能

優先為子民著想。

後樂園在戰後動支日幣2億元進行整修,整
體的環境復原作業直到1967年才完成。園區
目前除了平時的日間開放外,在春、夏、秋等
3個季節也會有夜間點燈開放的「幻想庭園」
企劃。

1 後樂園與岡山城相互借景 2 後樂園為「日本三大名園」
之一 3 夜間開放時的後樂園別有風情

Hotel Cabin Style
有船艙或臥鋪火車的味道

📮 岡山縣岡山市北区田町2-5-7 📞086-227-0001 🕐15:00(check in)～10:00(check out) 💲¥2,200起 ➡️路電「田町站」徒步1分鐘 🌐hotel-cabinstyle.com ⁉️僅供男性入住

　　這間2018年底開幕的新旅館，步行至表町商店街僅需3分鐘。Cabin Style的房型空間正如其名，房間與相鄰房間的床鋪位置交錯排列，上鋪是自己的房間，下鋪屬於隔壁房。顧客可獲得比一般膠囊旅館稍大，也比青年旅社隱私的空間，但房門僅簡易遮蔽，不能上鎖。空間利用方式，有種睡船艙或臥鋪火車的錯覺。

1 雖然算是膠囊旅館，但提供的備品還不少，方便性不輸商務旅館 **2** 入住 Cabin Style 會有睡寢台列車的感覺

岡電博物館
親子專屬的電車博物館

📮岡山縣岡山市中区東山2丁目3-33 📞086-272-5520 🕐10:00～16:00，週二公休 💲¥1,000(兒童半價)，憑路電1日券等票券折半價 ➡️路電「東山・おかでんミュージアム駅」旁 🕐90分鐘 🌐www.okayama-kido.co.jp/okaden-museum

　　路面電車終點站東山站旁，是岡山電鐵的車庫，同時還有間電車博物館，很適合親子同遊。館內的大型木球池相當吸引人，小朋友一定玩得不亦樂乎。

　　岡山電鐵與子公司和歌山電鐵有多款特色列車，是由工業設計師水戶岡銳治設計，並掀起其他鐵道經營者的改車風潮。「岡電博物館」亦為水戶岡的作品館，想對其設計手法與理念有更多認識，不妨前來參觀。

　　博物館也有一位貓館員「美宇」(ミュー，發音似「喵」)，通常在週一、四、六，與日上班。

1 岡電博物館的空間令大人小孩都喜歡 **2** 博物館也是水戶岡銳治的作品館 **3** 博物館外觀猶如來自歐洲童話小鎮

中央市場
岡山中央卸売市場
享不盡的海鮮美味及蔬果鮮食

✉ 岡山県岡山市南区市場1-1 ☎ 086-902-2103
🕐 9:00～15:00 ➡ 詳見內文介紹 ⏱ 90分鐘 http
www.okayama-ichiba.net

　日本四面環海，在許多靠海地區的城市都能吃到新鮮的海產，這點在岡山也不例外。遊客想品嘗瀨戶內海的海鮮丼，不妨跑一趟市區南側的「中央市場」，這裡是海產與蔬果集散地，並有餐廳可享受最新鮮的美食。

　從岡山市區前往中央市場，可由JR岡山站東口的2號站牌，搭「00系統」路線巴士至中央市場，不過由於直接進市場的巴士班次很少，多為集中在清早與傍晚時段，遊客們較難利用。

　退而求其次，是在同站牌搭往「築港原町」方向的11號系統巴士，至「エブリイ岡南築港店前」站牌下車，再徒步約400公尺抵達。該站牌位於一家大型量販店前，若時間充足或等車空檔有點無聊，也可到店裡逛逛。班車平均每小時有2班，從車站到中央市場的時間約30分鐘，車資 ¥400。

味の匠 大名庵
用新鮮食材端上美味的海鮮丼

✉ 岡山県岡山市南区市場1丁目1番地 ☎ 086-222-1234 🕐 11:00～15:00(最後點餐14:30)，週三公休 💲 ¥1,000～¥3,000 ⏱ 60分鐘 http
daimyoan.jp

　中央市場為岡山生鮮蔬菜水果集散地，場內有些零售店可逛逛，同時也有讓饕客坐下來大快朵頤的餐廳，最知名者應該是「大名庵」(味の匠 大名庵)。它雖然創業於平成元年 (1989 年)，資歷不算長，但在網路討論區頗有名氣。

　大名庵的菜單上，有各式海鮮搭配組成的海鮮丼，約有10種選擇，每道都有圖片，不會日文也沒關係，可依喜歡的鮮魚與預算選擇。

❶ 中央市場是岡山的農漁產批發中心 ❷ 大名庵的海鮮丼，光憑視覺都是享受 ❸ 大名庵在中央市場小有名氣

吉備津神社

桃太郎故事的發源地之一

✉ 岡山縣岡山市北区吉備津931 ☎ 086-287-4111
🕐 寺內24小時開放；受付時間08:30～16:00(受付時間為工作人員的上班時間，遊客能買到繪馬、御守，寫御朱印等社內物品) 💲 免費參觀 ➡ JR吉備津站徒步10分鐘 ⏱ 30分鐘 www.kibitujin-ja.com

桃太郎故事的原形，據說來自第七代天皇孝靈天皇的皇太子「吉備津彥命」。他奉命擔任山陽道的將軍，前往討伐謀反的皇族成員武埴安彥命。傳說故事加以延伸的部分，是吉備津彥命在征討過程中，順道收拾了惡鬼溫羅，這段敘述遂成為桃太郎赴鬼島打怪的雛形。

不過日本號稱為桃太郎故事淵源處的地方有好幾處，離岡山不遠者還包括四國香川縣的鬼無，當地也設有桃太郎神社；而瀨戶內海離高松不遠的女木島，就是傳說中的鬼島喔！另一方面，離吉備津神社很近的總社市，有座建築年代不詳的「鬼城」(鬼ノ城)，被認為是溫羅的山寨城堡。

「吉備津神社」的本殿落成於1425年，歷史相當悠久，已列為國寶保護。其設計構造已被認定是該樣式的代表，在日本傳統建築界稱為「吉備津造」。

不過這裡最著名的建築物，是本殿背面一條沿著山坡起伏的長長迴廊，可聯結神社範圍內的不同社殿，其優美外型常成為宣傳照的取景對象，人氣反而比國寶還高呢！

神社東南方不遠處的吉備中山，為當地居民的「神體山」(指日本神社起源於在磐座或神的居所之禁足地)，也是備前國與備中國的分界，在山的西北側與東南側各由一座神社鎮座，吉備津神社就是西北側那座。

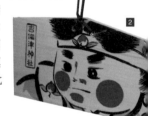

1 吉備津神社的本殿為日本國寶 2 吉備津神社與桃太郎故事關係密切 3 JR吉備津站的站名牌也是桃色系 4 吉備津神社的迴廊相當壯觀

吉備津彥神社
因桃太郎而聞名遐邇

📧 岡山県岡山市北区一宮1043 📞 086-284-0031 🕐 寺內24小時開放;受付時間08:30～17:00(受付時間為工作人員的上班時間,遊客能買到繪馬、御守,寫御朱印等社內物品) 💲 免費參觀 ➡ JR備前一宮站徒步3分鐘 ⏱ 30分鐘 http www.kibitsuhiko.or.jp

「吉備津神社」是另一處守護吉備中山的神社,也跟吉備津彥命(桃太郎)關係密切。其社格為備前國一宮,跟吉備津神社的備中國一宮不衝突(實務上,一國範圍也可能有多座一宮的)。吉備津彥命的父親與兄弟姊妹等皇族成員,在此列為相殿神一同接受崇敬。

或許是受桃太郎影響,神社地上鋪了桃紅色地毯,繪馬則為桃子造型,感覺比一般神社更為親近民眾。

往來兩座神社的山間小路,為中國自然林道的一部分,不少附近居民會在此慢跑與騎單車運動。

1 神社還鋪有桃紅色地毯 2 吉備津彥神社的繪馬相當可愛 3 神社門外的桃太郎,有別於一般神社的模樣,更具親和力的外表與造型

福田海本部
擁有北洋軍艦船錨的鄉間佛寺

📧 岡山県岡山市北区吉備津795 💲 免費參觀 ➡ JR吉備津站徒步20分鐘 ⏱ 15分鐘

「福田海本部」是鄰近吉備津神社的一處小型寺院,據說以祭祀被吃掉的動物們為主,知名度不高。會注意到這裡,乃是因為這裡保存了一副具歷史意義的船錨,來自甲午戰爭時被日軍本擄獲的鎮遠艦。

鎮遠艦為清廷北洋水軍重要的主力戰艦,卻在對戰過程被敵方劫走,加入日軍艦隊服役。鎮遠艦退役後,兩副船錨其中一副還給中國,

佛教寺院中竟然藏有一座中國北洋軍艦的船錨

現保存於北京天安門廣場旁的戰爭博物館。

另一副卻因輾轉緣故,留在福田海本部,作為祭祀的象徵對象。在岡山內陸的鄉下有這樣的兩國海上紛爭文物,感覺十分離奇。

津山市

津山市是岡山縣東部的一座城市，居民人口在縣內排行第三位。市區建於中國山地當中的一塊河谷盆地，同時也是鐵路陰陽聯絡線的重要節點。

津山本地對於俗稱為「海鼠壁」的日式建築格紋相當熱衷，在車站與市街周遭都可見到這樣的風格，著迷程度更勝倉敷的美觀地區！津山也瘋迷著河童傳說，大街上有多座河童銅像，仔細找找應該不難發現。

1 眾樂園過去是藩主庭園，現為免費開放的綠地空間 **2** **5** 在主要道路與人孔蓋，有機會發現河童出沒 **3** **4** 津山當地相當熱愛海鼠壁菱格，成為地方的象徵

津山市街地圖

賞楓名所　文化資產　賞櫻名所

津山城
日本三大平山城之一

✉ 岡山縣津山市山下135 ☎ 0868-22-3310 ⏰ 08:40～17:00(4～9月延長至19:00) 💲¥300,中學以下免費 ➡ 由津山站出發可搭津山市廣域巴士ごんご小循環線、ごんご東循環線,「觀光センター前」下車,徒步1分鐘 ⏱ 60分鐘 🌐 www.tsuyamakan.jp>觀光スポット>城>津山城(鶴山(かくざん)公園)

　　津山過去為美作國的範圍與地域中心,跟備前、備中,與備後屬於不同區域,文化面跟岡山縣的其他地方略有不同。

　　江戶時代的津山藩主,是和將軍有血緣的越前松平家,以「津山城」為根據地。城堡約莫從1604年開始建造,大型天守現已拆除,不過高聳的石垣仍相當有震懾四方的霸氣。津山城現以春季的櫻花與秋季的楓紅聞名,每年都會吸引大批遊客造訪。

　　津山城北側的「眾樂園」,以往是津山藩主的別邸庭園,也值得駐足停留。昔日位於城堡東側的「城下町」,現已發展為具文青特色的老街,值得玩家慢慢探索發現。

❶津山城高聳的石垣感相當有霸氣 ❷秋天的楓紅景觀也是津山城的代表性景致

津山鐵道教育館
津山まなびの鉄道館
由古老扇形車庫轉變而來

✉ 岡山県津山市大谷 ☎ 0868-35-3343 ⏰ 09:00～16:00,週一休館 💲成人¥300,中小學生¥100,幼兒免費 ➡ 由津山站出發可搭津山市廣域巴士ごんご小循環線,「津山まなびの鉄道館」下車,徒步1分鐘 ⏱ 60分鐘 🌐 www.tsuyamakan.jp/manabi

❶

　　津山站是JR姬新線、因美線、津山線等3條路線的會合處,過去在鐵路翻山越嶺的途中是非常重要的中繼站,設有蒸汽火車頭的機關區。車站前展示的C11型蒸汽車頭,就象徵著津山昔日的交通地位!

　　扇形車庫位於車站西南方建於1936年,共有17條股道,在日本僅次於「京都鐵道博物館」的梅小路車庫。車庫與周邊設施過去不定期對外開放,至2016年正式化身為「津山鐵道教育館」,成為寓教於樂的文化設施。

　　館內保存多款有深厚地緣關係的火車頭與柴聯列車,並展示著大型鐵道模型。其中輩分最高的火車頭,是與車庫同樣誕生於1936年的D51 2號蒸汽車頭。D51型是日本具代表性的大型蒸汽車頭,廣泛用於牽引貨運列車,也有姊妹曾來台灣服役。

❶鐵道館的狹長門票,是仿舊車票的樣式而來 ❷ D51 2號蒸汽車頭從大阪移至津山保存,成為鎮館之寶 ❸津山的扇形車庫規模為日本第二大,僅次於京都

高梁市

高梁市為岡山縣西部的小城，早年屬於備中國，有別於岡山市所在的備前。其市區坐落於高梁川與成羽川會合處的盆地，海拔約90公尺，但周邊山勢約有500公尺高，因此被視為吉備高原上的代表城鎮。

高梁在江戶時代屬於備中松山藩，初代藩主於1617年從鳥取藩轉封而來池田長幸，並以臥牛山上的備中松山為根據地，城下町則位於山麓地帶。明治時代因與四國松山撞名改為現名。

身為全日本12座「現存天守」當中唯一的山城，松山城以往是高梁最重要的觀光資源。其城下町在石火矢町(石火矢町ふるさと村) 一帶的武家屋敷與土牆獲得保存，因此也有「備中小京都」的稱號。

1 高梁是發展於高梁川河流匯流盆地的城市 **2** 松山城與吹屋銅屋村是高梁市的觀光亮點 **3** 石火矢町一帶保有的武家宅邸，讓高梁封為「備中小京都」 **4** 內陸的高梁，擁有岡山現存最老的基督教教堂

高梁市街地圖

高梁市交通

JR

　從岡山前往高梁，可由 JR 岡山站搭 JR 伯備線的列車。

　從岡山到高梁的過程也會經過倉敷，由倉敷上山前往高梁也是可行的。此外，途中的總社站可轉乘 JR 桃太郎線，亦可串聯吉備津方面的行程。

🚌

- ●起站—下車站：岡山站—備中高梁站
- ●距離：50 公里
- ●時間：特急列車 35 分鐘，普通列車 52 分鐘
- ●車資：特急列車 ¥1,590、普通列車 ¥840(兒童皆半價)
- ●付費方式：可憑企劃票券、單程票或智慧票卡乘車。但備中高梁站以北往山陰方向的伯備線途中，部分較小的車站不能以智慧票卡進出，請留意。

　伯備線為岡山往來山陰地方的重要路線，已完成電氣化，往來列車的班次較為密集。特急列車「八雲號」(やくも) 每天約有 15 趟往返，以全國平均來看，已屬特急列車班次相對充沛的 JR 在來線。八雲號與寢台列車「Sunrise 出雲號」皆會停靠備中高梁站。

路線巴士

　備中高梁站於 2015 年完成改建，將火車站與本地區的巴士總站納入一體，因此旅客從 2 樓出站後，只要搭電扶梯前往 1 樓，就可抵達巴士總站。接下來會提到的備中松山城以及吹屋地區，都是由此搭車。

1 搭乘特急八雲號至備中高梁站下車 2 行駛於伯備線上的普通列車

高梁市立圖書館
高梁市図書館
具複合式空間的公家圖書館

✉ 岡山県高梁市旭町1306　☎ 0866-22-2912　🕐 09:00～21:00，年中無休　➡ JR備中高梁站共構　⏱ 60分鐘　http takahashi.city-library.jp/library

遊客拜訪高梁的巡遊重點，以往都是備中松山城，不過自從2015年新的JR站房啟用後，車站本身也成為一處重要景點。該站房一舉結合火車站、巴士總站、市立圖書館、觀光案內所等多重功能，成為一棟現代化複合式的多元空間。

「高梁市立圖書館」委由引進蔦屋書店的文化業者CCC集團負責。因此人口不多的高梁，擁有日本第四家蔦屋風格的公立圖書館，也成為蔦屋書店在山陽地方接受圖書館委辦的範例，讓其他自治體羨慕不已，這也讓隔壁的山口縣周南市於2018年跟進。

蔦屋出手規畫的圖書館，內部空間完全比照自家書店的風格與要求設計，簡潔的線條與柔和的光線，徹底顛覆公家圖書館給人的既往印象。而且圖書館與書店的空間僅以區域和書櫃作為區隔，不會因為圖書館屬非營業範圍就草率將就一些。

或許有讀者會擔心，這樣會不會分不清楚哪些書本是銷售的、哪些是供借閱的，這點館方自然已設想好，借閱書的外皮上都有明顯的條碼標籤，不至於會造成困擾。

此外，書本中的智慧並不會因為是「銷售書」或「借閱書」就有差別，因此在同一個空間就能看到銷售書與借閱書，也讓閱讀者有更廣泛的比較與選擇。尤其現在新書於實體書店能陳列的時間週期越來越短，一些叫好但不一定叫座的作品很容易消失在書店的茫茫書海中，而圖書館與書店並存的空間，也讓這些作品更有被人們注意到的機會。

圖書館與書店位於2～4樓間，主要出入口在2樓，和車站的出入口聯通。兒童書籍多

半在 4 樓，擁有一處獨立的空間，小朋友儘管沒放低音量，也不會吵到其他閱讀者。館方也會利用多功能空間舉辦活動，邀請社區居民參加。4 樓的半戶外空間還有一些遊樂器材，讓小朋友看書累了可以休息一下。

日本的蔦屋書店多半都會結合開設星巴克咖啡門市，高梁市立圖書館也不例外。館內有部分座位空間會有個小立牌，「提醒」大家讓咖啡香來搭配書香，不過在學生們常利用的自修室就不會如此推銷啦！

要提醒讀者們留意的是，由蔦屋經營的圖書館雖然相當吸引人，但全棟空間除了 4 樓一處特別標示的留影處外，館內都是禁止拍照的。到此體驗特別書香氛圍的讀者，請別讓館員們與其他利用民眾感到困擾囉！

1 高梁市立圖書館美輪美奐，是公家圖書館的革新案例 **2 5** 圖書館由經營蔦屋書店的 CCC 集團負責營運 **3** 在車站的方向指標上，圖書館於位居最重要的位置 **4 8** 包含圖書館、火車站、巴士總站、觀光案內所的複合式建築 **6** 從圖書館的開放空間眺望市區 **7** 圖書館外也設有舒適的開放空間 **9** 圖書館正門就在車站的入口旁 **10** 圖書館的空間啟用後，獲得居民的高度肯定

備中松山城
現存天守中唯一的山城

文化資產

電影場景

🕐 4～9月09:00～17:30，10月～隔年3月09:00～16:30 💲 ¥300（中學以下半價）➡ 詳見內文介紹 3種登城方式說明 🕐 45分鐘 http www.city.taka-hashi.lg.jp/site/bichu-matsuyama

保留到現代，具有華麗天守的城堡，幾乎都是平城與平山城。或者反過來說，正因為許多城下町發展為現在的大都市，而讓以往的城堡相得益彰，有被保存維護，甚至是拆除廢棄多年後又重建的機會。

環顧全日本有12座城堡天守閣由江戶時代保存至今，通稱為「現存天守」。這當中只有1座山城，那就是高梁的「備中松山城」。換句話說，如果讀者想達成「12座現存天守全數造訪」的目標，它也是最費力才能抵達的喔！

順道一提，12座現存天守的名單中，也包括位於四國松山市的松山城，為求區別，一般會在岡山高梁的松山城前加上備中國的古國名，稱為備中松山城；反之，一般描述時提到的松山城，多半是指四國那座。

雖然備中松山城距離伯備線鐵路的實際距離不到520公尺，但高度落差超過360公尺，因此不像平面地圖上所看到的容易前往。即便有交通工具代步，從下車到實際抵達城堡，仍要徒步20～50分鐘的山路，很考驗體能！或許是體恤大家登山的辛苦，管理單位準備了「備中宇治茶」的飲水機，可供遊客們自由飲用。

始建於西元1240年的備中松山城，過去範圍遍及臥牛山4座相聯的山峰，現以430公尺

高的「小松山」留有明顯痕跡，也是遊客造訪的重點。目前的天守完成於 1681 年左右，為兩重兩階結構。

難以抵達的特性，不僅讓它免於戰事破壞（備中松山城唯一一場大型爭奪戰發生於天守落成的一百多年前），也讓它免於遭到拆除。

明治初期的 1873 年，政府宣布廢城加以拍賣，價格僅需現值日幣 5 萬元，但仍乏人問津。天守與城堡結構得以保留到昭和年間，受到學者們注意，並於 1990 年代獲得資金修復。城堡的天守、二重櫓，與土塀(土牆)已列為國家的重要文化財保護清單。

豆知識

日本城堡分3類

以城堡的坐落位置型態來看，日本的城堡大致以分為平城、山城、平山城三大類。

平城：指城堡建於平緩的地形，常作為進入承平階段的地方統治中心。

山城：確實蓋在山上的城堡，有易守難攻的優點，但難以發展城下町、經營百姓。

平山城：介於兩者之間，在平地找到矮丘將城堡蓋於其中，事半功倍。

1 松山城的登山步道，考驗著造訪者的決心 2 松山城也曾作為 2016 年度大河劇《真田丸》的取景地點 3 天守內部以傳統方式保存修復 4 松山城是 12 座現存天守的城堡中最難到達者 5 城堡周圍層層疊疊的石垣(日本城堡建構之一，指大石堆砌而成的斜坡，是城堡最下部的根基) 6 備中宇治茶，歡迎旅人享用 7 松山城作為高梁的知名景點，也出現在看板上

儘管備中松山城的天守規模，在 12 座現存天守中的排名是在墊底名次，但它畢竟是碩果僅存的山城，具有重要的學術代表性，無論是城堡研究者與有興趣的愛好者，都會親自來登高拜訪。

位於高山上的備中松山城，有機會拍出城堡深鎖在雲霧中的景致，令它享有「天空之城」的稱號。

攝影取景處是對面山頂的「松山大展望台」，容易成功的拍攝時節為 9 ～ 4 月一大清早。尤其是天氣較冷的 11 月上旬～ 12 月上旬，易出現濃淡適中的雲霧。

有興趣的讀者可包計程車登上展望台，每 車 ¥2,000，需預約，但在 12 月之後也得留意積雪封路的影響。

1 松山城的一連串城池坐落於臥牛山的稜線上 **2** 從松山城眺望高梁市市區 **3** 松山城的天守規模不算大，但歷史價值很重要 **4** 城牆上保留著各式槍孔與箭孔

📍 小提醒

3 種登備中松山城方式

遊客現在要前往備中松山城，有 3 種主要的方式：

1.搭觀光乘合計程車至8合目

直接從車站前往 8 合目的「ふいご峠」，雖然名稱中有「計程車」字樣，但運作方式跟國內的「DRTS 計程車」比較相似，有固定的發車班次與時間，且必須有接到預約、有兩人以上的條件才發車。

車程：約 20 分鐘　車資：單程 ¥500
去程班次：09:50、11:20、12:50、14:20
回程班次：11:40、13:10、14:40、16:10
注意事項：請至少在出發前一天於 09:00～17:00 致電觀光案內所預約0866-22-8666

2.搭季節性路線巴士至5合目

備北巴士有路線巴士前往 5 合目的「城見橋公園」。

車程：約 15 分鐘　車資：單程 ¥160
去程班次：09:00、11:00、13:00、15:00
回程班次：10:30、11:15、13:15、15:15、16:50(10～11 月) 或 17:50(4、5、9 月)
注意事項：只在 4、5、9、10、11 月的週末假日運行

城見橋公園也是鄰近松山城的自用車大型停車場，遊客可在此轉乘接駁巴士之後再徒步20分鐘登頂。

起站：登城整理バス　訖站：ふいご峠 (8 合目)
車程：約 5 分鐘 (每15分鐘發 1 班車)
車資：去回 ¥400，小學以下免費
注意事項：接駁巴士僅於 3～11 月服務

由巴士的松山城登山口徒步至天守，還需要將近 1 小時

3.搭路線巴士至松山城登山口

高梁市內的循環巴士途中有一站為「松山城登山口」，從巴士總站出會有逆時鐘和順時鐘方向運行。

路線巴士資訊　(＊資訊時有異動，請依官方公告為準)

運輸方向	逆時鐘方向	順時鐘方向
平日班次	3 班	6 班
假日班次	2 班	2 班
車程	7 分鐘	9 分鐘
車資	¥160(兒童半價)	

不過從「松山城登山口」步行到 5 合目的接駁巴士站牌約有 1.1 公里的山路，徒步至少要 20 分鐘。另有一條登山步道不經 5 合目，直接通過 8 合目的ふいご峠前往松山城，從站牌到天守實測需要 50 分鐘。這是最耗體力的路線，也是過去遊客們前往松山城的主要方法。

從車站完全靠步行挑戰登上天守，至少需要 90 分鐘的時間。返程由天守徒步下山散步回車站，則需60分鐘。

吹屋銅屋村

　　離高梁市區約1小時的吹屋地區，自古以來靠產銅聞名，是有祕境色彩的深山村落。

　　這種銅礦稱為「弁柄」（べんがら，Bengala），色澤彩度相當漂亮，可用於瓷器、漆器、重要建築物，或製作蓋章用的朱砂印泥，相當受歡迎。但由於原料稀少，產品彌足珍貴，加工產品也水漲船高。

　　也因為生產弁柄為吹屋地區帶來大筆財富，家家戶戶抹上弁柄成分的油漆，形成吹屋特有的紅色村落景觀。弁柄之名來自荷蘭語的「孟加拉」（Bangladesh）。

1 吹屋是產銅聞名的村落，但地處偏遠　2 吹屋的聚落房屋也一片紅通通的，很也特色　3 染布產品為價格較高的伴手禮
4 吹屋郵局也融入了在地色彩

舊片山家住宅 文化資產
受國家保護的重要文化財

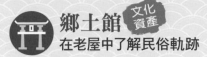

✉ 岡山縣高梁市成羽町吹屋 ☎ 0866-29-2205 ⏰ 4～11月09:00～17:00,12月～隔年3月10:00～16:00 💲 ¥400(與鄉土館共用)；5館共通券¥850 🚌 備北巴士吹屋站牌下車,站牌旁 ⏱ 30分鐘 🌐 takahasikanko.or.jp>観光スポット>成羽町吹屋地区>鄉土館・旧片山家住宅

　　吹屋的村落由一條主要街道貫穿,由下而上分成下町、中町、千枚3部分,以中町為菁華區。包括「舊片山家住宅」、鄉土館、郵局、店鋪、餐廳、咖啡館等多位於中町。

　　片山家於1759年創業,是本地最重要的豪商。江戶時代的一般平民沒有「苗字」(姓氏),不過片山家藉由獻上自家產品,獲得了「苗字許可」,正式以「片山」作為稱呼。

　　舊片山家住宅就位於路線巴士終點的「吹屋」站牌前,舊宅規模相當大,其中包括主屋與倉庫等5棟建築物,已列為國家的重要文化財保護。屋內展示介紹製銅的過程,與當時的生產工具,還有當主淺次郎的收藏品。看起來他對棒球與網球等西洋運動很有興趣,另外還收集了一些黑膠唱片！

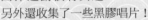

1片山家的產品標籤 **2**這裡重現了當時產品製作的情形 **3**黑膠唱片當年是富裕人家才有的玩意

鄉土館 文化資產
在老屋中了解民俗軌跡

✉ 岡山縣高梁市成羽町吹屋 ☎ 0866-29-2205 ⏰ 4～11月09:00～17:00,12月～隔年3月10:00～16:00 💲 ¥400(與鄉土館共用)；5館共通券¥850 🚌 備北巴士吹屋站牌下車,站牌旁 ⏱ 30分鐘 🌐 takahasikanko.or.jp>観光スポット>成羽町吹屋地区>鄉土館・旧片山家住宅

　　位於片山邸對面的「鄉土館」,建於1879年,是傳統的「入母屋造」(原為中國古建築屋頂樣式之一,稱為歇山頂,外傳至日本稱為入母屋造)兩層町家(日本各地傳統木製兩層屋,1樓為店家、2樓為住宅),為吹屋街上的代表建築樣式。鄉土館的房屋過去也都是歸片山家所有。

　　片山家在明治時代1分為4,片山宅邸屬於「本片山」,鄉土館則為「角片山」。鄉土館的建物狀況保存良好,屋內部分展示介紹著吹屋地區的庶民生活。

鄉土館的典藏以庶民生活為主

◎ 小提醒

怎麼購票
　　舊片山家住宅與鄉土館的參觀門票一同販售,¥400(兒童半價)。

　　另有片山邸與鄉土館、弁柄館、笹畝坑道,與廣兼邸共通入場券,¥850(無兒童票)。

弁柄館 文化資產
ベンガラ館
重現18世紀的製銅工廠

 ## 笹畝坑道 文化資產
開採銅礦的坑道大公開

✉ 岡山県高梁市成羽町吹屋 ☎ 0866-29-2136 ⏰ 4~11月09:00~17:00, 12月~隔年3月10:00~16:00 💲 ¥200(兒童半價);5館共通券¥850 ➡ 備北巴士吹屋站牌下車, 徒步15分鐘 ⏱ 30分鐘 http takahasikanko.or.jp>観光スポット>成羽町吹屋地區>吹屋ふるさと村>ベンガラ館

✉ 岡山県高梁市成羽町中野1987 ☎ 0866-29-2145 ⏰ 4~11月09:00~17:00, 12月~隔年3月10:00~16:00 💲 ¥300(兒童半價);5館共通券¥850 ➡ 備北巴士吹屋站牌下車, 徒步15分鐘 ⏱ 20分鐘 http takahasikanko.or.jp>光スポット>成羽町吹屋地>笹畝坑道

　「弁柄館」是傳統的產銅工廠,從1707年開始作業,是日本當時唯一出產弁柄的地方。此處重現了明治時代的製銅過程,有4棟主要的建築物,分別是製程當中的3個階段,另一棟則為資料館。

　其中在洗銅的部分還得藉由水車作為動力,所以才會把工廠設於有水利資源的此處。想知道弁柄由來的讀者,別錯過來此參觀。

　從弁柄館再往山上走,在公路邊就是「笹畝坑道」的坑口。此處於807年發現礦脈,是為吹屋累積大筆財富的原點。

　由於銅礦資源相當珍貴,這裡在戰國時代曾為毛利家與尼子家互相爭奪的戰場。進入江戶時代後一度由成羽藩管轄,但沒多久就納為幕府直轄的「天領」,可見其重要性。目前開放的觀光坑道範圍約有320公尺,可讓人了解開採過程。

1 弁柄館當地的生產歷史已有300年 2 弁柄館保存傳統的弁柄生產過程原貌

1 想了解銅礦原貌,可實際到坑道參觀 2 坑道的開放範圍約有320公尺

廣兼邸 広兼邸

文化資產　電影場景

金田一電影取景的宅邸

📧岡山縣高梁市成羽町中野2710　📞0866-29-3182　🕐4～11月09:00～17:00, 12月～隔年3月10:00～16:00　💲¥300(兒童半價)；5館共通券¥850　➡️備北巴士吹屋站牌下車，徒步45分鐘　⏱️30分鐘　🌐takahasikanko.or.jp＞観光スポット＞成羽町吹屋地区＞広兼邸

廣兼家也靠銅礦事業累積了不少財富，坐落於山中的舊「廣兼邸」，在正面石垣上還建有棟櫻門，遠遠望去頗有中古城寨的氣勢。

廣兼邸曾在1977年與1996年兩度作為知名電影《八墓村》(八つ墓村)的拍攝地點，為「金田一耕助」的系列故事，因而聲名大噪。

由下町街尾的村落路口，步行到笹畝坑道約有700公尺，從坑道去廣兼邸另有2.5公里，若靠徒步得花一點時間。從中町到坑道與廣兼邸在週末假日會有接駁巴士行駛，但平日就得步行或自駕了。

1 吹屋的聚落範圍不大，可靠步行參觀，但要到外圍景點就得費點腳力了 2 往吹屋的道路狹窄且偏遠，自駕者需格外留意

🔘 **小提醒**

關於吹屋交通停看聽

從高梁巴士總站往吹屋地區的巴士，每天有 3 趟往返，至終點「吹屋」的站牌下車。當天折返後要住岡山、倉敷，或廣島都很方便。

候車處：2 號或 3 號站牌 (不同班次有別)

車程：單程約 60 分鐘

車資：¥800

去程推薦：10:50 從高梁出發，約 11:50 左右抵達吹屋

回程推薦：15:50 由吹屋出發，約 16:50 回到高梁

途經宇治町之後的山路非常狹小，許多轉彎處僅容許單獨 1 輛車通過、無法會車，租車自駕的遊客請格外注意交通安全，也要對導航裝置有更多信任。該路線巴士也會經過 JR 備中川面站，有需求的旅人可安排在此轉車。

1

2

倉敷市

位於岡山市隔壁的倉敷市，是具有指標性的紡織業重鎮，成衣產業在日本國內有高度的市場占有率。市內的水島地區更聚集著重工業的大型製鐵廠、化學工廠、造船廠等，但可別以為來倉敷只能看工廠，這裡同時也是一座觀光資源豐富的城市，昔日紡織廠林立的「美觀地區」，正如其名是本地的「美觀」名勝，保存了傳統的日式建築老街，與昔日為輸送紡織成品而開鑿的運河，且無論是白天或夜晚，景色都相當迷人，是許多旅人拜訪岡山時的嚮往去處。

尤其是喜歡紙膠帶等手作小物的讀者，更得小心別在倉敷買了太多小東西而塞爆行李箱，甚至超出旅費預算囉！

利用都市重劃的契機，近年在 JR 倉敷站北面開設的大型購物中心與暢貨中心，延長了旅人在倉敷遊玩停留的時間，即便是晚上也能逛得很盡興。在此同時，旅人們「看緊荷包」的挑戰也更艱難！

1 運河曾是倉敷美觀的經濟命脈 **2 3** 美觀地區的運河與老街，是倉敷地區最具代表性的景致

倉敷市交通

JR

在倉敷站停靠的 JR 列車，無疑是從其他城市到此最便捷的方式，各地到倉敷市的列車選擇如下。

倉敷站停靠的JR列車資訊

列車方向	列車	班次	車程	車資
從岡山前往倉敷	JR 山陽本線的列車	每小時約 3～5 班車	17 分鐘	¥320
	JR 伯備線特急列車	每小時約 1 班車	11 分鐘	¥1,070
從廣島前往倉敷	JR 山陽本線普通列車	每小時約 2 班車	2.5 小時	¥2,590
	JR 山陽新幹線 + 山陽本線普通列車 (經新倉敷站轉車)	每小時約 1～3 班車	1 小時 26 分鐘	¥5,070
	JR 山陽新幹線 + 山陽本線普通列車 (經岡山站轉車)	每小時約 5 班車	1 小時 18 分鐘	¥5,820

（＊資訊時有異動，請依官方公告為準）

往來廣島時，憑各式 Pass 企劃票券的玩家，不妨搭乘 JR 山陽新幹線較省時間。但由於新幹線的 JR 新倉敷站僅有 Kodama 號列車近站，班次較少且沿途停靠站較多，因此會建議讀者視當時的車次組合來安排行程。

從廣島出發者可能搭新幹線至福山站轉山陽本線，甚至是搭至岡山站再回頭折返倉敷，約可省 1 小時，仍是比較省時的選項。

巴士

岡山市與倉敷市之間也有路線巴士運行，由兩備巴士派車行駛。不過，論班次密度、費時，與價格，搭火車會是較推薦的選擇。

🚐 班次：每天有 6 趟往返 (平日與週末假日的時間不同，請以公告為準)
車資：¥540(兒童半價)
車程：約 1 小時

1 山陽本線與伯備線的列車都會停靠倉敷站 2 倉敷站前的 1 號站牌，與岡山站的 5 號站牌會對發路線巴士 3 4 倉敷站各處可見的海鼠壁樣式，突顯在地風貌

徒步

造訪倉敷的遊客，主要目的地應為有運河與老街的「美觀地區」。

從倉敷站南口到美觀地區約有 600 公尺，徒步約 10 分鐘。步行路徑有兩條：

👣 路徑1

從站前的大馬路直走 500 公尺，於名為「美觀地區入口」的路口左轉，即抵達美觀地區，通達運河邊。

👣 路徑2

離開站前後走左前方有天棚屋頂的商店街，直行約 120 公尺後於指標處的路口右轉，再順著商店街前進 450 公尺即抵達美觀地區的林源十郎商店，此路徑會引人直入老街。

牛奶杰個人推薦走後者的商店街，沿途店面會比較有趣，但也可能會被吸引而拉長時間，途中經過「名代炸豬排 Kappa」(名代とんかつかっぱ) 與咖啡廳「戎町」(パンと珈琲のお店 喫茶戎町)，都受到本地居民喜愛。其中戎町

是由麵包店兼營的早餐店，僅於 07:00 ～ 11:00 營業，且每週只有三、四、五、六等 4 天開門，相當於每個禮拜僅營業 16 小時，想吃還需要事先規畫呢！

此外，在「天領倉敷咖啡」點咖啡時，不僅是現磨現煮咖啡豆，還可依顧客需求現場烘豆子，非常客製化。不過，如此一來喝杯咖啡可能得等上半小時，適合時間較充裕的行家。

倉敷市街地圖

1 天領倉敷咖啡很受本地行家喜愛　2 經由天棚商店街到美觀地區約 600 公尺

林源十郎商店
藏有祕密視角的醒目建築

✉岡山県倉敷市阿知2丁目23-10 ☎086-423-6010 🕐10:00～18:00,週一公休 ➡JR倉敷站南口徒步15分鐘 ⏱45分鐘 🔗www.genjuro.jp ❓各店鋪營業時間略有不同

從商店街前往美觀地區,一定會注意到「林源十郎商店」的3層磚造建築。1樓是選物店,適合文青風格的讀者,也有一些在地品牌的紙膠帶。2樓與3樓部分空間開設咖啡廳,座位採光非常好,適合慵懶地在此坐坐。

3樓有一個開放式的展望露台,可從不同角度看俯瞰倉敷,是一處祕密景點,非常推薦。需提醒的是,除了露台之外,店內各處都不能

照相,到此一遊的讀者請務必遵守店內規定。

在林源十郎商店的後院,還有一間義大利麵店,以及主打西裝剪裁的牛仔服飾店,感覺相當有品味。

1 林源十郎商店的露台是倉敷的私房景點 **2** 林源十郎商店的後院也別錯過

中原三法堂
禮佛也可以很文青

✉岡山県倉敷市阿知2丁目25-39 ☎086-426-6777 🕐09:30～18:00 ➡JR倉敷站南口徒步15分鐘 ⏱30分鐘 🔗www.sanpoudo.co.jp/shop/detail/7

位於林源十郎商店正對面的「中原三法堂」,可說是很「佛系」的選物店!初進入店面時只覺得裡頭的香氣很特別,仔細注意才發現是將佛具用品文青化的選物店,因此有各種線香、蠟燭等禮佛道具,同時也販售特別款的紙膠帶。店面一角還有手工做佛珠的體驗活動喔!

1 佛系紙膠帶相當特別 **2** 佛系選物店:中原三法堂

倉敷物語館
入內絕對驚喜的逛街法

✉岡山県倉敷市阿知2-23-18 ☎086-435-1277 🕐4～11月09:00～21:00,12月～隔年3月10:00～17:00 💲免費參觀 ➡JR倉敷站南口徒步15分鐘 ⏱30分鐘 🔗kmc.jp.net

在倉敷逛街要記得:別只看街道第一排的店鋪就滿足了,在其背後往往別有洞天,還有不同的店家。「倉敷物語館」緊貼在林源十郎商店背後,這裡的小廣場旁有咖啡廳與紀念品小店可逛逛喔!

隱身在街邊店面背後的倉敷物語館,另有一番風情

大原美術館
日本最早的私人美術館之一

✉ 岡山縣倉敷市中央1-1-15 ☎ 086-422-0005
🕐 09:00~17:00(最後入館16:30), 週一休館 💲
成人¥1,300, 大學生¥800, 高中以下¥500 ➡ JR
倉敷站南口徒步15分鐘 ⏱ 90分鐘 🌐 www.oha-
ra.or.jp

「大原美術館」開館於 1930 年,以民營美術館而言歷史非常悠久,是日本最早規畫展示西洋美術與現代藝術的私人美術設施。

美術館創辦者來自大原家族,為倉敷紡績第二代社長的大原孫三郎,他藉由經費贊助,請兒島虎次郎蒐集西洋、中東與中國的畫作。目前的重要作品包括莫內的《睡蓮》與艾爾·葛雷柯的《聖母領報》等知名作品。

美術館的建築本身,在倉敷美觀地區也是最獨特的一棟!希臘式的列柱與高聳山牆,讓人很難不注意到它,入口處的常春藤也頗具特色。除了運河旁的本館之外,大原美術館另有

分館、工藝東洋館,以及運河對面的「有隣莊」等設施。

隸屬於大原美術館的兒島虎次郎紀念館,原設於倉敷常春藤廣場當中,已規畫遷移至原中國銀行倉敷本町出張所(分公

司)的建築中,位於大原家舊宅的背面。美術館設有語音導覽設備,想對作品有更多深入了解的讀者請不要錯過。

附帶一提,莫內的《睡蓮》總數有 250 幅,在直島的地中美術館也有典藏(詳見 P.139)。

▌大原美術館的建築是美觀地區最醒目的角落 ▌位於倉紡紀念館旁的美術館分館 ▌坊間謠傳因美軍知道大原美術館的重要性,因而在二次大戰期間讓倉敷躲過被轟炸

(詳見 P.139)

文化資產

大原家舊宅
旧大原家住宅
倉敷在地企業家的祖厝宅邸

✉ 岡山縣倉敷市中央一丁目2番1号 🕐 09:00~
17:00(最後入館16:30), 週一休館 💲 成人¥500,
高中以下¥400 ➡ JR倉敷站南口徒步15分鐘 ⏱
30分鐘 🌐 www.city.kurashiki.okayama.
jp/5391.htm

「大原家的舊宅」與美術館隔著運河相望,宅邸主屋等 10 棟建築物早在 1971 年便列為重要文化財。可惜過去不對外開放參觀,只能從外頭端詳,如今已開放遊客入內,讓人一探大戶人家的生活風貌。

大原家舊宅在近年也開放參觀了

倉敷川遊船
くらしき川舟流し
在運河感受閒逸氣氛

✉ 岡山県倉敷市中央1-4-8 ☎ 086-422-0542 ⏰ 09:30～17:00。3～11月，每月第二個週二公休；12月～隔年2月，僅週末假日開航 💲 成人¥500，小學生以下¥250，5歲以下免費 ➡ JR倉敷站南口徒步18分鐘 ⏱ 30分鐘 http kankou-kurashiki.jp/recommend/funenagashi

由兩岸垂柳包夾的運河，是美觀地區最優雅的視覺焦點。這條運河從過去時代就是倉敷物產進出的通道，尤其是倉敷紡織廠運作期間，許多成品皆會由此輸出到日本各地，可說是倉敷美觀的生命線，也是造就兩旁老屋店家繁榮發展的經濟源頭。

如今遊客除了在街上散步外，也可以體驗搭船遊河的滋味，以另一種角度與速度悠然鑑賞美觀。

乘船與下船的地點，位於倉敷館斜對面的運河東側，也就是在運河的轉折處附近。遊客請先購票再聽從指示候船，原則上每隔30分鐘發1班船。名為「天領丸」的小舟會在運河繞行一周回到原點。

值得注意的是，這一葉扁舟本身沒有任何動力，完全是由船夫在船尾撐船前進的，因此船夫的技術與力道拿捏便相當重要。能聽懂日語的遊客，也可聆聽船夫訴說運河的故事。

由於每艘船只能搭載6名遊客，數量有限。想搭船的讀者不妨先買好票，趁等待的空檔在附近逛逛，時間差不多了再回到候船處。如果是多人或團體出遊，則可事先接洽包船的可能性喔！

1 扁舟空間不大，每次只能載6位遊客 **2** 搭船遊倉敷享受悠閒也享受美景 **3** 搭船遊河很受遊客歡迎

倉敷丹寧街
デニムストリート
以牛仔服飾為主題的藍色巷弄

Data
✉ 岡山縣倉敷市中央1-10-11 ☎ 086-435-9135
🕐 10:00～17:30 ➡ JR倉敷站南口徒步18分鐘
🕐 30分鐘 http ameblo.jp/kurashiki-denimstreet

　　出產日本第一條國產牛仔褲的兒島地區屬於倉敷，因此這裡也開了牛仔服飾專賣店。丹寧街便是專賣牛仔服飾與周邊商品的狹長巷子，外頭的牛仔布長椅與造型裝飾，是拍照打卡的私房景點喔！除了選購衣著，這裡還有販售牛仔漢堡、肉包、冰淇淋。

1 來到丹寧街一定不能錯過品嘗藍色冰淇淋 2 丹寧街很適合情侶合照

星野仙一紀念館
星野仙一記念館
日本知名棒球教練的紀念館

Data
✉ 岡山縣倉敷市中央1-10-11 ☎ 086-430-0001
🕐 10:00～17:00 💲 成人￥500, 小學生以下￥200
➡ JR倉敷站南口徒步19分鐘 🕐 30分鐘 http
1001-kinenkan.jp

　　星野仙一為日本職棒的傳奇球星與教練，曾多次率領中日龍、阪神虎，與樂天金鷲隊獲得聯盟優勝，也曾主掌日本代表隊的兵符與我國交手。他在2018年過世後，來拜訪的海內外球迷絡繹不絕。

星野仙的生涯跟日本近期棒球史關係密切

FLAT
疊緣老鋪轉型再創生機

Data
✉ 岡山縣倉敷市中央1-4-16 ☎ 086-435-0014
🕐 10:00～18:00 💲 杯墊約￥250起 ➡ JR倉敷站
南口徒步18分鐘 🕐 15分鐘 http flat-kojimaberi.
com ❓ 另有觀光工廠與本店位於兒島

　　「FLAT」是藏身於第一排店面後的店中店，專注生產塌塌米邊框的「疊緣」（たたみべり）。在這可以選購各種傳統或新潮設計的疊緣。另外，運用製作疊緣技術發展出各種周邊小物，如杯墊、小錢包、手機套等產品，質感精緻又不貴，作為禮品也很有特色！

1 店內的各種疊緣，傳統或新潮花樣琳瑯滿目 2 如果家裡沒有塌塌米，選塊疊緣杯墊也不錯喔

TANE×612 FACTORY
紙膠帶與手工鐵製家具的寶庫

✉ 岡山縣倉敷市本町5-12 ☎ 086- 486-3618 ⏰ 10:00～18:00 💲 紙膠帶約¥300 ➡ JR倉敷站南口徒步20分鐘 ⏱ 20分鐘 🌐 kurashiki.shop

靠近紡織廠的「TANE × 612 FACTORY」，早先以當地職人手作鐵製家具聞名，是尋寶的好地方。它同時也是美觀地區紙膠帶專門店之一，整面牆的木頭格架，可同時陳列至少500款紙膠帶，讓人目不暇給，一不小心就會手滑多帶好幾卷回家！

TANE 有一輛古董車

cafe BISCUIT
運河邊香味四溢的餅乾小鋪

✉ 岡山縣倉敷市本町5-27 ☎ 086-427-5515 ⏰ 08:00～18:00 💲 早餐set ¥550起 ➡ JR倉敷站南口徒步18分鐘 ⏱ 30分鐘 🌐 www.cafe-biscuit.jp

這間烘焙屋以各種餅乾與自製果醬頗受歡迎。銷售的袋裝餅乾為¥300，較大的玻璃罐裝則為¥700，另有以「倉敷帆布」為外包裝提袋的產品¥1,300。café BISCUIT 從早上8點就開門，有熱壓土司、含果醬餅乾，與飲料的早餐組合¥550。

café BISCUIT 可說是以餅乾為主力的咖啡店

あぶと倉敷館天領
運河尾端的傳統日本料理店

✉ 岡山縣倉敷市本町1187 ☎ 086-434-8055 ⏰ 11:00～15:00, 17:00～22:00 💲 海鮮丼¥1,200起 ➡ JR倉敷站南口徒步20分鐘 ⏱ 60分鐘 🌐 www.abuto.com/tenryou

位於運河尾段、廣榮堂旁的「阿伏兎」（あぶと倉敷館天領）為傳統日式餐廳。其店名即意味著倉敷過去屬於幕府直轄地的歷史背景（詳見 P.104 有相關介紹）。如果在運河區想吃正餐、花費又不想太高，這家餐廳是不錯的選擇。

天領的天婦羅定食

倉敷著物小町
倉敷着物小町
穿上牛仔浴衣或和服逛倉敷

✉ 岡山縣倉敷市本町5番10号 ☎ 086-486-2671 ⏰ 09:30～17:00 💲 丹寧浴衣日間體驗方案¥6,050 ➡ JR倉敷站南口徒步20分鐘 ⏱ 30分鐘 🌐 kimonokomachi.jp ❓ 建議先預約

遊客可以在「倉敷著物小町」租借浴衣或和服，漫步於美觀地區的街道留影。但不同於京都或他處的和服店，這裡主打丹寧布製作的牛仔浴衣，很特別。著物小町有兩家門市，一家在美觀、另一家在倉敷站前的大馬路上。

著物小町的牛仔浴衣相當特別

倉敷常春藤廣場
倉敷アイビースクエア
昔日紡織工廠今為婚宴會館

✉ 岡山縣倉敷市本町7-2 ☎ 086-422-0011 ⏰ 09:00～17:00(最後入館16:45) 💲成人¥250, 學生¥200 ➡ JR倉敷站南口徒步22分鐘 ⏱30分鐘
http www.ivysquare.co.jp

　　這是一處包含商店、旅館、餐廳與博物館的複合性設施。該空間過去是「倉敷紡績」的紡織工廠，公司創立於1888年，隔年開始以這塊用地蓬勃發展。直到1970年代工廠設施搬走後，改以「倉敷常春藤廣場」之名發展觀光用途。

　　倉敷紡績創業當時，有3股勢力進行合夥，再獲得大原家投資。大原家更藉由地緣優勢，取得離運河不遠的這片土地，設立西式的現代化紡織工廠。

　　該用地在江戶時代是倉敷代官所(幕府直轄地的地方官員辦公室)。德川幕府創設初期的17世紀，就將倉敷劃為「天領」，也就是幕府直轄的範圍，設置代官所。如今在紡織廠的傳統木造建築，與西化的紅磚建築間還有一條窄窄的溝渠，正是代官所階段留下來的壕溝遺跡呢！

　　創業80年的倉敷紡績在1969年設立了1座倉紡紀念館，透過照片、模型與當時的文書檔案，讓後世對於倉敷紡績本身以及倉敷地區的紡織業發展歷程，能有系統性的認識。

　　倉敷紡績目前仍是日本紡織業的佼佼者，公司在證交所上市，集團年營收超過日幣1,500億，事業範圍擴及東南亞與巴西地區。儘管實際運籌帷幄的本社設在大阪，不過公司登記的本店，仍是常春藤廣場的「起家厝」喔！

1 3常春藤廣場現為複合性的設施　**2**這座小水池，過去曾是防禦用的壕溝　**4**常春藤廣場過去是大型的紡織廠

如竹堂
倉敷的紙膠帶名店

✉ 岡山縣倉敷市本町14-5　☎ 086-422-2666　🕐 10:00～17:30　💲 紙膠帶¥162起　➡ JR倉敷站南口徒步22分鐘　⏱ 30分鐘　🌐 nyochiku.906.jp　❓ 食物與雨傘嚴禁進入店內

「如竹堂」是紙膠帶與手作紙製品為主的專門店。紙膠帶除知名的 mt 產品外，也包括倉敷本地其他工作室的產品，樣式更為多元。

牛奶杰自己選購了印有瀨戶大橋的產品，大橋聯結著倉敷、兒島到四國，長長的橋身非常適合作為紙膠帶。大橋紙膠帶還有分藍天版與橘黃色的夕陽版，各有特色呢！印有倉敷老街沿路古屋風貌的紙膠帶也深受遊客喜歡，是店家的長銷品。

一時間看到這麼多紙膠帶與裝飾，是不是有點手癢呢？門市內有一張工作桌，提供消費者現場體驗的機會，購買紙製小提袋後，桌邊的各種紙膠帶與飾品皆可任意使用，發揮巧思馬

上就有一個自己獨一無二的購物提袋。

如竹堂在日本國內外很有名氣，網路上也見過玩家是為了如竹堂而專程造訪倉敷。喜歡自製手帳的朋友們，別買到失心瘋而無法脫身！

蟲文庫
書與多肉植物一樣精采

✉ 岡山縣倉敷市本町11-20　☎ 086-425-8693　🕐 11:00～19:00　➡ JR倉敷站南口徒步20分鐘　⏱ 30分鐘　🌐 mushi-bunko-diary.seesaa.net

「蟲文庫」是老街上一間知名的二手書店，除了文學作品外，也有不少自然科學類書籍，有興趣的讀者可以來挖挖寶。店主對栽種多肉植物似乎也很有心得，門市裡裡外外可見到多種仙人掌盆栽呢！

1 如竹堂的體驗活動相當物超所值 2 如竹堂會有一些大品牌的在地特色紙膠帶 3 牛奶杰自己很喜歡這款瀨戶大橋的紙膠帶

1 蟲文庫的老闆對於多肉植物也很有研究 2 蟲文庫在倉敷小有名氣

文化資產

大橋家住宅
超過兩百年的宅邸

📧 岡山縣倉敷市阿知3-21-31 ☎086-422-0007
🕐 09:00～17:00,12月～隔年2月的週五休館,3
～11月無休館日 💲 成人¥550,中學生以下¥350
➡ JR倉敷站南口徒步13分鐘 🕐 30分鐘 http www.
ohashi-ke.com

　　大橋家是倉敷當地另一大戶人家,舊宅邸位
於美觀地區入口的路口西側,造訪遊客較少。

　　大橋家早年以開發鹽田和水田獲利,日後也
投入創辦倉敷紡績。這棟宅邸陸續完成於1796
～1799年間,是超過兩百年木造古屋,已列
為國家的重要文化財,保存價值更勝運河地帶
的老街區。

　　隨著歷代屋主繼承使用,大橋家住宅曾經過
多次整修改建,廚房還保有傳統日式環境,但
吃飯的餐廳與餐桌已是西洋風貌。

　　屋內重現大戶人家的生活環境與慣用家具。
其中包括以前賞花時專用的戶外野餐道具組,
還附有移動式的灶可以加熱。另有一部江戶時
代木製的自動演奏樂器,當紙軸轉動後,便會
根據紙卷的孔洞進行演奏,與19世紀來自西
洋的自動鋼琴類似,為現今已相當罕見的東洋
版!此外,這裡也有體驗和服留影的服務,想
為自己留下百年風華的日本古早味照片,不妨
嘗試體驗。

1 大橋家的住宅已列為古
蹟 **2** 和洋混搭的建築風格
為日本近代的特有產物 **3**
大橋家經營鹽田有成,在
江戶時代是少數獲准擁有
刀械的商人

宮本武藏
宮本むなし
眾多餐點品項不怕挑

📧 岡山縣倉敷市阿知2-8-1 ☎086-421-6674 🕐
11:00～24:00 💲 定食約¥600起 ➡ JR倉敷站南
口徒步3分鐘 🕐 30分鐘 http m-munashi.com

　　「宮本武藏」為知名劍豪,生平活動範圍多
在山陽地區。以他為名的連鎖平價定食屋,有
超過40種菜色可選,每客餐點約為¥690上下。
倉敷站南口大街上的分店營業至24:00,玩得
太晚也不妨可以到此用餐。在店內享用時,白
飯可自助無限續碗,非常體貼食量較大的顧客
呢!

如果一碗飯吃不飽,可自行無限續碗

Ario倉敷
アリオ倉敷
緊鄰車站的大型購物中心

✉ 岡山県倉敷市寿町12番2号 ☎ 086-434-1111
🕐 09:00～21:00(餐廳11:00～22:00) 🚉 JR倉敷站北口徒步1分鐘 ⏱ 90分鐘 🌐 www.ario-ku-rashiki.jp

位於倉敷站北口有兩家大型的購物中心，讀者來到倉敷如果將白天時間專注於美觀地區，不妨利用晚間時段前來逛逛！

車站正對面的「Ario 倉敷」共有兩層樓的空間，是適合血拼的好地方。尤其是國人熱愛的無印良品，在 Ario 有一間占地廣大的門市，可選購各種優質而內斂的生活用品。另一邊的大型電器行 Joshin，應該也能滿足讀者們想要採購日系家電用品的需求。

其他在 Ario 展店的知名品牌，包括書店廣文館、眼鏡市場、鞋類產品為主的 ABC Mart，與 Tower records 等。另推薦一間 300 元店「illusie300」，各種質感不錯的生活居家用品以 ¥300 起，值得多多選購。

Ario 的 1、2 樓皆有大型的 food court，可以吃到丼飯、拉麵、漢堡、廣島燒、韓國菜，或是台灣點心等，多人同行時如果想吃不同類型的午晚餐也沒問題。其他設有專門店的餐飲店還有迴轉壽司、Tully's 咖啡、光麵與 31 冰淇淋等。

在 Ario 的 1 樓另有天滿屋經營的大型超市「Happy's」，可採購生活必需品。這裡的兒童遊樂器材看起來相當有趣，帶小朋友同行的讀者也能讓孩子抒發精力。

值得一提的是，在 2 樓靠近洗手間的走廊，有一面照片牆展示著倉敷的古早風貌，包括車站周邊與美觀地區的舊模樣，很值得看看。

1 Ario 也有很適合兒童遊玩的設施 **2** Ario 設有無印良品的大型門市 **3** 步行前往 Ario 相當方便

MITSUI OUTLET PARK 倉敷
三井アウトレットパーク 倉敷
與Ario互相擦出火花的暢貨中心

✉ 岡山県倉敷市寿町12番3号 ☎ 086-423-6500
🕐 10:00〜20:00 🚶 JR倉敷站北口徒步3分鐘
⏱ 60分鐘 http mitsui-shopping-park.com/mop/
kurashiki

提醒讀者們別在 Ario 就把體力與消費力全用完囉！在 Ario 後頭，還有三井經營的「MITSUI OUTLET PARK 倉敷」購物中心，以地面步道和人行天橋直接連結 Ario，可以一路逛過來。

這裡採取開放性的空間設計，同樣擁有兩層樓，展店的品牌包括 Adidas、Nike、亞瑟士、Under Armour、樂高、LACOSTE、GAP、星巴克、SKECHERS、毛巾美術館、Godiva 等，餐飲店鋪相對較少。

在 Ario 與三井 OUTLET 兩個購物中心之間，是倉敷未來公園，有親水空間與草皮等能讓小朋友開心玩樂的空間。

三井 OUTLET 與 Ario 店內設有各式投幣式置物櫃，小型的櫃子可退回硬幣，可說是免費提供使用，大的櫃子則酌收 ¥200，消費者如果多買了東西也不用擔心得一路手提。Ario 還設有外幣的自助兌換機，如果日幣現金不足也不用擔心！

提醒趁著晚間空檔造訪的讀者，三井 OUTLET 的營業時間到晚上 20:00，會比 Ario 早 1 個小時打烊。

三井 OUTLET 與 Ario 的腹地，過去曾是名為「倉敷チボリ公園」的主題樂園，於 1997 年開幕，入園人數一度逼近 300 萬人次，僅次於東京迪士尼度假區，可惜未能維持佳績，於 2008 年底歇業。從車站往購物中心途中會看到的歐式尖塔，即為主題樂園的遺跡。

1 倉敷站北口的尖塔，跟昔日的主題樂園有關 2 三井 OUTLET 營業到 20:00，天黑了也可以逛逛 3 三井 OUTLET 擁有寬敞的購物空間

史蹟名勝

有鄰庵
來去百年老屋的青旅住一晚

Data ✉ 岡山県倉敷市本町2-15 ☎ 086-426-1180 🕐 18:30(check in)～10:00(check out) 💲團體房 ¥3,780起 ➡JR倉敷站南口徒步13分鐘 **http** yuurin-an.jp ❓最晚check in時間為20:00

位於老街上的「有鄰庵」，是一間坐落於百年老屋當中的 hostel，想體驗住在傳統日式老屋的玩家可以把握機會。這裡提供的房型以日式塌塌米的雙人房為主，浴廁是獨立設置的，冬天的深夜或清早盥洗請記得多加外套。

這裡因為離運河非常近，步行只要 30 秒，讀者如果想趁清晨或夜晚沒有太多遊客的時段拍攝運河，那有鄰庵更是值得推薦的地點。

另一方面，有鄰庵自產自銷的布丁，也早已是老街上的名物了，每天上午 11 點開賣，常常不到中午就銷售一空，相當搶手。如果是住客，可以事先預定享有保障名額喔！

1 有鄰庵的布丁也是地方名物 **2** 有鄰庵是百年老屋中的青年旅社

KAG
倉敷站前的青年旅社

Data ✉ 岡山県倉敷市阿知3丁目1-2 ☎ 086-441-8817 🕐 16:00(check in)～10:00(check out) 💲團體房¥3,000起 ➡JR倉敷站南口徒步1分鐘 **http** hostel-kag.jp

對於不想拖著行李往來車站與美觀地區的玩家，牛奶杰另外推薦這間 KAG 旅館。其坐落位置就在倉敷站南口過 1 個路口之處。下了人行天橋只要再走 10 秒就可以入住 check in 了，且路口上天橋的方向設有電扶梯，非常體貼帶著大件行李的旅客。

KAG 提供獨立的單雙人房，以及上下鋪的團體房，讀者可視需求選擇房型。KAG 的 1 樓設有對外營業的餐廳，從早餐時段營業到夜晚，在其 4 樓有一個 share room，是可舒適放鬆的起居空間，24 小時開放。

戶外的露台允許吸菸，從這裡就可以看到車站了。KAG 也設有投幣式洗烘衣機，方便旅人使用。

1 KAG 的露台對著天滿屋百貨與車站 **2** KAG 的 1 樓為餐廳，樓上才是房間 **3** 工業風的交誼廳，意外舒適

兒島／下津井

「兒島」並非一座海島，而是岡山地區一座伸入瀨戶內海的半島。兒島一帶是半島上最熱鬧的地方，也是紡織業的集中之處。這裡曾出品日本第一條國產的牛仔褲，當地也其以為包裝行銷，使之成為現在的牛仔褲之鄉。

在江戶時代，兒島的主要產業仍是製鹽，隨著明治維新帶動工業化發展，紡織業在此萌芽，成長為具全國知名度的產業。單是兒島本地生產的學生制服，就曾擁有日本全國超過七成的市占率，相當驚人。

即便到了今日，成衣業受全球貿易影響，早已往生產成本更低的國家流動，但士農工商各行業的制服與工作服中，仍有一定程度的國產比率，兒島即為當中的佼佼者。

另一方面，下津井是半島尖端的海港，在江戶時代既是瀨戶內海的船隻中繼站，又是本州往來四國的重要渡口，交通要津之勢讓小小的港邊非常熱鬧。

進入明治時代，隨著鐵道網的蓬勃發展，水運重要性開始受到威脅。岡山連結宇野港的鐵路於1910年通車後，從本州各地往來四國有了便捷的新途徑。下津井港的地位很快就被宇野取代。

地方人事奔走趕建通往下津井的鐵路，3年後完成茶屋町到兒島的區間，隔年再延伸至終點的下津井。

在兒島與下津井的發展歷程中,「下津井電鐵」的角色也很重要。

下津井電鐵第一階段開通時,終點稱為「味野町站」(位置在現在的味野公園附近,詳 P.113),至 1941 年更名「味野站」。幾年後,味野町、兒島町、下津井町,與本莊村一同合併為兒島市,該站遂於 1956 年更名為兒島站。從站名變化便能窺見兒島的發展脈絡。

然而,希望藉鐵路將人們拉回下津井港渡海的如意算盤沒有成真,多數旅客仍取道宇野,下津井也漸漸失去的江戶時代的風采。

當瀨戶大橋於 1988 年開通後,往來四國的方法又有了革命性的巨變,旅客改由下津井港上空的長橋渡海。明明列車與乘客「近在眼前」,卻少有人會到橋底下的下津井走走。對下津井而言,這猶如一道「最遙遠的距離」!

但或許正是如此,下津井仍保有純樸的海港風情,適合喜歡慢慢散步的旅人探索喔!

兒島周圍的路線巴士服務,主要由「下津井電鐵」提供。儘管名稱看似鐵道業者,但現階段全然以巴士車輛載客,鐵道路線皆已宣告廢止。下津井電鐵在這裡有兒島循環線、牛仔褲巴士,與下津井循環線等 3 條環狀路線,方便遊客以「8」字形的路徑順遊兒島與下津井地區,JR 車站與市民交流中心即為「8」中間的交會處。

此外,鐵道廢棄後變身的腳踏車道,也很適合遊客騎著單車出遊喔!

兒島市街地圖

1下津井是半島尖端的海港 **2**兒島的計程車也披上了丹寧布的外觀 **3**剛踏出兒島站就可以看到滿滿的牛仔褲懸掛在雨棚

兒島交通

JR

　　往來岡山至高松的「Marine Liner」(マリンライナー) 列車,是旅人與居民橫渡瀨戶大橋最信賴的交通工具,也便於遊客造訪兒島。

　　由於發車時間固定,通勤民眾根本不用看時刻表即可搭乘,很受信賴。沿途還會停靠早島站與茶屋町站,也很方便民眾轉乘往宇野站的列車。

　　值得一提的是,Marine Liner 靠四國端的 1 號車廂 (岡山往高松時最前端的車廂) 為雙層甲板設計。上層甲板為 Green Car 綠色車廂,方便乘客眺望沿途景色,尤其是瀨戶大橋美景可說是盡收眼底,儘管需要多收一筆料金,仍然很受歡迎。

班次：30 分鐘從兩地對開 1 班車
車程：35 分鐘
車資：2～5 號車廂為普通車廂通勤座位 ¥500,
　　　　 1 號車廂下層為指定席 ¥820,1 號車廂上
　　　　 層座位為 Green Car ¥1,270(若上車後才
　　　　 由普通車廂移過來,需補差價 ¥1,030)

　　岡山往來松山或高知的特急列車「しおかぜ」(潮風) 與「南風」,也會在兒島站停靠,車資在基本運賃外,得再加特急自由席費 ¥550 或特急指定席費 ¥1,070。附帶一提,兒島站為 JR 西日本與 JR 四國的分界點,旅客在此下車時,也會見到雙方車掌與駕駛員在月台交接班。

1 Marine Liner 是往來兒島相當方便列車
2 麵包超人列車也會往返瀨戶大橋線 3 兒島站的月台也以牛仔布圖樣裝飾 4 Marine Liner 的 1 號車廂為雙層車

味野公園
以橋梁為主題的社區公園

✉ 岡山県倉敷市児島味野2 ⏰24小時開放 💲免費入園 ➡JR兒島站搭各路線巴士至兒島市民交流中心下車，徒步2分鐘 ⏱30分鐘

兒島市區的「味野公園」，又被稱為「橋的公園」(橋の公園)，是一處戶外的橋梁主題園區，展示11種橋梁造型的設施，讓小朋友在公園遊玩的過程，將各種形狀與結構的橋當作遊樂器材，寓教於樂。

而且這些橋梁確實各有典故來歷，並非憑空想像，其中包括來自羽根田的弁天之橋(弁天の橋)，與三河的八橋(八つ橋)皆以木材搭建而成，但呈現方式截然不同；而來自琉球的石橋則有濃濃中國風。此外，結構完整的家橋，很有亭閣建築的味道。佐野地區的舟橋，正如其名是以扁舟併排而成的水上浮橋。最特別的應該是吉野的「野猿」，已跳脫橋梁的框架，而是渡河用的流籠呢！

味野公園有這些設施，乃因一旁的「兒島市民交流中心」(児島市民交流センター)的交流棟，過去曾是瀨戶大橋的架橋紀念館，與大橋同於1988年揭幕。可惜館舍營運狀況不理想，即便委外經營仍無法損益兩平，決定改為目前的用途，徒留戶外設施繼續肩負教育功能。

附帶一提，交流棟與味野公園北側的廣場，曾是下津井電鐵的兒島站所在處，相當於過去的市中心。下津井電鐵剛開通的1913年，路線終點就在此處，當時名稱為「味野町站」。

1 兒島市民交流中心原為瀨戶大橋的架橋紀念館 2 舟橋是漂浮在水面的活動橋 3 這座石造拱橋很有中國風，參考原型是從琉球來的 4 弁天之橋的結構樣貌，現在已不容易見到了 5 由瀨戶大橋的纜繩模型，可知其鋼纜直徑相當「粗勇」

兒島學生服資料館

児島学生服資料館

大大滿足穿日本學生服的願望

✉ 倉敷市児島下の町5-5-3 ☎ 086-473-2111 ⏰ 10:00～17:00，休假日不固定，依館方單位公告為準 💲 免費參觀 ➡ JR兒島站搭牛仔褲巴士至兒島學生服資料館前即可 ⏱ 60分鐘 http nippon-hifuku.jp/company/museum

日本的學生制服一向受到許多國人注意，除了動漫作品中一定會出現女學生的水手服外，由軍裝變身的男生直排扣制服，也讓人印象深刻。而各種散發歐洲貴族公學氣息的西式套裝制服，更讓不少台灣學子羨慕不已，直呼「為什麼日本的學生制服那麼好看？」

透過各種影視與動漫作品的文化傳遞，國人對日本的制服一定不陌生，但多數人也應該沒有真的穿過這樣的制服。如果想親自試試，又不想被別人有不當誤會，那麼來岡山遊玩時有一個地方一定要去瞧瞧，就是「兒島學生服資料館」。

除了牛仔褲有名外，兒島也是日本國內最重要的制服產地，其中包括學生服以及工廠事業的作業服，其市占率曾高達全國的7成。創立於幕末1863年的「日本被服」，就是一間制服大廠。

他們最早以生產「足袋」起家，足袋也就是傳統的日式分趾襪，(池井戶潤小說與改編日劇《陸王》中的小鉤屋，亦就是和日本被服同行)。到了大正年間的1922年，日本被服才正式投入制服產業，以「太陽櫻」作為學生制服品牌，並於1930年讓專職生產學生制服的工廠開始運作，並將公司改為現名。

如今，日本被服仍負責為日本全國超過 700 間學校設計與製作制服，成品也在大型百貨公司鋪貨。同時，民眾也可透過專屬官網，或在工廠直營的「學生服 NIPPI 館」（学生服のニッピ）購買全新制服。

他們在兒島的廠區門口處開設一間學生服資料館，有兩層空間。1 樓展示兒島生產制服的歷史脈絡，2 樓則有一處開放空間，讓遊客們自由換穿公司出產的學生服。無論是黑色排扣的男生制服，或讓女同學們亮麗有活力的水手服，在此都有多種款式與尺寸可任意搭配。

最後也別忘了光顧一下 1 樓的店鋪「兒島特銘館」。這裡的服飾產品包括一般上班族也穿得到的白襯衫、相關的周邊配件。牛奶杰自己則帶了 1 件學生制服的手機吊飾，與 1 卷塌塌米的疊緣，這裡同時也順道幫忙銷售本地農特產，在此購物還真能滿足多元需求呢！

所費不貲的學生制服

華麗美觀又耐穿的日本學生制服，到底要價多少錢呢？根據學生服 NIPPI 館的價格標示，一套男生的高中制服約在 ¥20,000 ～ ¥30,000。

而據 2016 年度的統計，高中學生男女制服的平均價格約為 ¥32,000 ～ ¥33,000，約和台幣 10,000 元的價位。若和一般便服相比自然是所費不貲，但作為一套代表身分的正式服裝，不曉得讀者們覺得貴不貴呢？

高中生制服的平均價格每套約台幣 1 萬元

1 光是領帶與領結的花樣就數不清了 2 4 在資料館2樓可以任意試穿各式學生服 3 5 資料館給人滿滿的懷舊感

鷲羽山下電旅館

鷲羽山下電ホテル

瀨戶大橋下的沙灘溫泉旅館

✉ 岡山縣岡山縣倉敷市大浜海岸 ☎ 086-479-7111 ⏰ 15:00(check in)～10:00(check out) 💲 單人住宿¥5,500起 ➡ 下津井電鐵巴士至「下電ホテル前」即可 http shimoden.bonvoyage.co.jp

玩家若有機會造訪兒島與下津井地區,且行程時間寬裕,不妨就在此過夜吧!位於鷲羽山觀景台附近的「鷲羽山下電旅館」,是牛奶杰推薦給大家的住宿選擇。

旅館的坐落位置,是在從下津井沿著半島海岸繞回兒島的縣道 21 號路旁,背倚著鷲羽山,正面就是瀨戶內海。旅館各棟合計有 101 個房間,全數都有面海的窗戶或陽台,視線完全沒有死角,部分房間還可同時眺望瀨戶大橋的景致。旅館緊鄰著海邊,還有自己的沙灘與碼頭,不會被外人干擾,旅客入住後可悠閒地在海邊散散步。

旅館本身還有望海的溫泉設施,分為室內與戶外的露天風呂。值得一提的是,其露天風呂為男女混浴的空間,結伴出遊的家人或好友可以一同享受瀨戶內海的美景風光。由室內浴場要前往戶外空間時,男、女房客需各自套上專用的「湯著」,也就是特別為浸泡溫泉池所設計的衣服,不用擔心彼此太過坦白。

下電旅館的名稱由來,乃因它早期曾為「下津井電鐵」的關係企業,由鐵道公司物色好地點,於 1930 年興建完成旅館開業至今。而後火車班次停駛,鐵道公司改以營運路線巴士為主要生計,旅館也脫離獨自經營,但仍保有下電的名稱。旅館門口的老電車,為民間文化團體透過網路募資購置保存,於此陳列展示,相當有意義!

儘管下電旅館已是有些年紀的老旅館了,房間設施也看得出歲月痕跡,但服務品質仍有一

定水準。旅館經營團隊前幾年邀請設計師重新打造下電旅館的標誌，牛奶杰個人覺得成果相當有時尚感！

下電旅館距離鷲羽山展望台不遠，有一條登山步道可以連結，上山步行約需 10 分鐘。如此一來旅人便可不受制於路線巴士或夕陽巴士的車班時間，隨時想上山、下山都可自己調配時間，相當彈性。

往來下電旅館可搭乘日間每 1 小時 1 班的下津井電鐵循環巴士，或是夕景鑑賞巴士；也可以向旅館預約定時接駁車的空位，接駁車傍晚兩班由兒島站開往旅館，隔天早餐後兩班開往兒島站，非常方便旅客搭乘。倘若是自行駕車

的玩家，就更可任意安排時間了。

旅館的海景相當優美，建議旅人們在開放 check in 後即早抵達，如果入夜了才匆匆趕赴旅館，就白白浪費第一天日間的無敵海景囉！

🔘 小提醒

入住下電旅館餐飲方式要注意

從下電旅館要到周邊店家相當遙遠，無論往下津井市街的方向或兒島市區，路程都已是不建議步行的距離。因此入住期間的晚餐與隔日早餐，請事先預做規畫。可向旅館訂餐，或在 check in 時就一併備好帶進旅館。

1 下電旅館坐擁絕佳的地理條件 **2** 旅館的 logo 融入了夕陽與大橋意象 **3** 下電旅館雖然是老字號，但設施不會太過老舊 **4** 下電旅館的房間窗外就是瀨戶內海與大橋 **5** 旅館專屬的碼頭可搭配觀光船行程

穿著日本國產牛仔褲去旅行

兒島牛仔褲街
児島ジーンズストリート
拜訪日本國產牛仔褲的起源地

✉ 岡山県倉敷市児島味野2-5-3(事務局) ☎ 086-441-9127(事務局) ⏰ 店家營業時間通常為10:00～18:00 ➡ JR兒島站搭牛仔褲巴士至「野崎家旧宅」，徒步1分鐘 ⏱ 90分鐘 http jeans-street.com

相信讀者搭火車一抵達兒島，就能感受到濃厚的丹寧氣息啦！無論是月台上的座椅與販賣機，車站內外的裝飾，甚至是街上跑的計程車，都能見到以丹寧布與牛仔褲為主題的設計。

兒島是日本紡織業重鎮，更有「牛仔褲之都」的封號，這裡生產了日本第一條國產牛仔褲，現今仍有許多工廠持續營業。有些為知名國際品牌代工，有些則是自有品

牌，並開設工廠直營店。喜歡丹寧服飾的遊客到此，應該不會空手而回。

「兒島牛仔褲街」主要在味野公園西側的街區，入口處就在兒島市民交流中心旁。遊客會看到一條飛天牛仔褲的大招牌掛在牆上，就連地上的柏油路面也變成了丹寧色，濃濃的牛仔氛圍，十分明顯。

T字形的牛仔褲街總長約650公尺，林立四十多間牛仔服飾店，各家依工廠款式與店主喜好，表現出不同特色。讀者拜訪時不妨貨比三家，除了看價格，也比比各家的質感、版型

1 牛仔褲街入口的「超醒目」指標 2 3 牛仔褲街約有 40 間服飾店專賣丹寧布製品 4 牛仔褲街連柏油路面都是藍色的 5 牛仔褲街的路牌裝飾

與剪裁；行家們還會仔細比較刷色、收邊、織線，甚至是口袋銀扣等細節。重點是一定要試穿，才知道是不是適合自己的褲子喔！

街尾靠近野崎家舊宅的「桃太郎牛仔褲」(桃太郎ジーンズ) 是價格高但也常受行家推薦的品牌。順道一提，野崎家過去為製鹽豪商，對兒島的近代發展也貢獻不少。

牛仔褲巴士
ジーンズバス
徹底的丹寧風出遊

兒島牛仔褲街離火車站上有一小段距離，最省力的交通方式應該是搭下津井電鐵的路線巴士。下津井電鐵在兒島和下津井地區共有 3 條各具特色的循環線巴士，這裡先介紹「牛仔褲巴士」。

牛仔褲巴士會在每個星期五、六、日、假日發車，每天會有 6 個班次，由 JR 兒島站西口的 5 號站牌出發 (出改札口後左轉，來到室外的左前方)， 巡迴牛仔褲街的觀光重點區域，再返回車站原處。

沿途幾處重要站點包括靠牛仔褲街入口的「兒島市民交流センター前」(兒島市民交流中心站前)、牛仔褲街尾巴的「野崎家旧宅」(野崎家舊宅)、學生服資料館旁的「児島学生服資料館前」，以及鄰近牛仔褲博物館的「Jeans Museum Entrance」等站。

其中從車站到「野崎家旧宅」站牌為雙向停靠，「野崎家旧宅」以後則為單循環路線。班車繞完 1 圈約需 35 分鐘，從車站往來學生服資料館約莫為 17 分鐘。

如果是平日造訪，或時間碰不上牛仔褲巴士，那麼以居民為取向的「兒島循環線」(兒島循環線ふれあい号)，也可抵達兒島市民交流中心、牛仔褲博物館，以及最近站牌為「琴浦西小学校」的學生服資料館一帶。

搭牛仔褲巴士或兒島循環線的路線巴士，車資為每趟 ¥170、兒童 ¥90。牛仔褲巴士另有該線專用的 1 日券 ¥510、兒童 ¥260，並開放搭乘途經範圍的路線巴士。

1 牛仔褲巴士會在週五與週末假日開行 2 牛仔褲巴士上還有一位穿牛仔套裝的神祕吉祥物喔 3 牛仔褲巴士內，自然滿滿都以丹寧布裝飾牛仔褲巴士內，自然滿滿都以丹寧布裝飾

午睡公主之旅

動畫電影：午睡公主
擬真重現下津井的美

《午睡公主～不為人知的故事～》(ひるね姫～知らないワタシの物語～) 是一齣於 2017 年春天上映的長篇動畫電影，由曾製作過《城市獵人》與《攻殼機動隊》系列作品的神山健治擔任導演與編劇。

他同時也是故事的原作者，因此這可說是一部從頭開始的原創動畫，背景來自神山想製作一部自己的女兒也會期待的作品。劇中主角森川心羽與父親森川桃太郎的角色設定，或許也有這對父女的投射。

故事闡述森川桃太郎是位有高超技術、但背景卻相當神祕的機械開發者。儘管他平時在地方的港口小鎮，是不厭其煩為年長者將車輛偷偷安裝自動駕駛設備的好好先生，但卻因不明緣由遭警方逮捕到東京。

解救父親的方法，竟然是來自女兒一連串作夢時的情境。因此心羽和青梅竹馬的守男趕在奧運開幕之前趕到東京，要解決這些疑團。

關於這部動畫的場景，可說是以擬真的方法重現了下津井地區的城鎮與街道風貌。讀者如果看了影片再到現場，對半空中冒出的跨海大橋、上學途中在老街巷弄中穿梭、從寺院高處俯瞰海岸，以及馬路旁就是船舶機械工廠等場景，都會有似曾相識的感覺喔！

1 《午睡公主》的場景取材自兒島與下津井地區 2 3 兒島站的午睡公主布置裝飾 4 《午睡公主》是一齣科幻題材的動畫長片 5 JR曾有一列「午睡公主彩繪車」

4

5

下津井循環巴士
搭著巴士尋訪電影場景

從兒島站到下津井的港口邊，直線距離大約是3公里，不過實際地形在中間隔了座山，因此得繞些路才能抵達。造訪下津井最省時省力的辦法，是搭下津井電鐵的「下津井循環線巴士」（下津井循環線 とこはい号）。

🚌...

起站：兒島站西口的4號站牌
行經：經過市民交流中心 > 往南繞行下津井地區
　　　一整圈 > JR兒島站南 > 市民交流中心前 >
　　　4號站牌
車程：50分
車班：每天有10班車，從08:30～17:30間每逢30
　　　分由車站出發
車資：¥160～260間（兒童半價）
1日券：成人¥510、兒童¥260
備註：可搭載兩輛單車，每次收費¥100

....

循環巴士在《午睡》片中也有現身。在電影上映的宣傳期，下電更配合推出一輛《午睡》

塗裝的巴士，專用於循環線，帶大家一探動畫中的真實場景，相當用心。

循環巴士也會開上半山腰停靠「鷲羽山第二展望台」站牌，是眺望海景與大橋的推薦地點（詳見P.130）。

附帶提醒 1.循環巴士只會逆時鐘方向開行。 2.下津井電鐵另有和循環線不同的「下津井線」直線巴士，每天只有1～2班車，雖然很難誤搭，但還是提醒留意。

1 循環線巴士請於兒島站4號站牌搭車 2 曾穿上《午睡公主》彩妝的循環線巴士

下津井港濱聚落
大橋底下的古早要津

✉ 岡山県倉敷市下津井1-7-23(むかし下津井回船問屋) 📞086-479-7890 🕐09:00～17:00，週二、逢假日之隔日公休 ➡️JR兒島站搭下津井循環線巴士至「下津井漁港前」，徒步1分鐘 ⏱30分鐘 http shimotsui-kaisen.com

從循環巴士沿途的下津井港前、下津井漁港前、吹上港前，與田之浦港前等站牌名稱，不難想像路上會經過下津井港邊的多處碼頭，海岸與城鎮風景很吸引人，似乎隨處都可以下車散散步。

下津井港位於兒島半島的尖端，自古就是方便船隻靠岸等風的補給地。無論是東西向沿著岸邊航行的「回船」(相當於現在於固定航線來回航行的客貨船)，或是要渡海往四國的旅人，都會在此交流。

位於四國琴平的「金刀比羅宮」，自古就是非常有名的宗教聖地。而江戶時代的日本平民若未獲得藩主許可，不能任意離開藩的範圍，以今日觀點來看就是沒有移動自由，到隔壁縣也得辦護照與出境手續。「想去名寺拜拜」是合理的出境緣由，到金刀比羅宮就是其中之一。

從下津井港渡過瀨戶內海，至四國丸龜的航程相當短，有利於前往琴平的旅客乘船，因此令此處很早就成為通往四國的要津。

另一方面，由於陸地上有許多湍急的河流阻斷去路，在還沒有鐵公路網與眾多橋梁的時代，即便是島內運輸，也普遍仰賴沿著海邊近岸航行的船隻，也就是「回船」。

由全國各地生產的農產物資想往來交易，或是要經由大阪送往京都獻給朝廷，也都得仰賴回船。作為島國日本昔日運輸主幹的回船，也會在下津井港停靠。

「下津井回船問屋」(むかし下津井回船問屋)，就是讓遊客們認識當年回船網絡的地點。問屋中央廣場四周的多棟建築物，會透過昔日文物、照片、模型，介紹著回船的故事。民眾可以藉此瞭解日本如何透過這樣的運補網絡，

成為一個昌盛的國度。

明治維新之後，日本積極鋪設陸上的鐵路網，直接串連全國各地強化中央集權，回船網絡日漸被取代。當岡山至宇野的宇野線鐵路於1910年開通、宇高連絡船也開始運行後，往來於本州與四國的旅客絕大多數都被吸收，使得下津井不再保有以往的繁華，逐漸蛻變為瀨戶內海旁單純的港口城鎮。

為此，兒島當地的製鹽豪商，如野崎家，與下津井的回船業者，如永山家，曾聯合起來組成鐵道公司，趕緊投入興建經兒島往來下津井的路線，想藉此幫下津井港力挽狂瀾。無奈大勢已去，難以挽回下津井被邊緣化的命運。

風水輪流轉，宇野港叱吒風雲70多年，在瀨戶大橋通車後也被取代。交通動線如今雖然拉回了兒島與下津井這邊，但無論汽車或火車都從半空中的大橋通過，橋底下的下津井港，仍持續保有低調不受打擾的風情，接待喜歡慢慢散步的旅人。

1 3 下津井是瀨戶大橋底下的海港 2 5 回船問屋介紹著昔日的航運網絡 4 相當精緻的展示模型

昔日鐵道今日的風之道

下津井電鐵憶當年
沒有鐵路服務的鐵道會社

「下津井電鐵」(通稱下電)過去是在地居民與貨品倚賴的鐵道路線,由宇野線途中的茶屋町站通到味野町站(如 P.113 所述,於味野公園附近),再前往半島尾端的下津井港邊。

茶屋町站到味野町站長 14.5 公里的區間於 1913 年 11 月 11 日先行開業,味野町站到下津井站由於鷲羽山的山勢阻擋,施工較困難,晚了 4 個月通車。

下電當初的興建目的,是想幫下津井港留住渡海的交通生意。但由於它在茶屋町站得多轉一次車,不利於旅客與貨物轉運,能爭取到的商機有限。幸好兒島地區從 1910 年代後期開始紡織業大盛,勞動力與貨運需求激增,為下電開創商機。

日本第一條高速鐵路「東海道新幹線」於

1964 年從東京通到新大阪站後,繼續往九州方向延伸的「山陽新幹線」,也準備在 1970 年開通至岡山,這對地方來說是件大事,且應該是擁有龐大發展契機的利多消息。

為迎接新幹線旅客,地方政府積極鋪設公路網,改善道路服務品質與輸送效能,讓在岡山站下車的新幹線旅客,可以儘速轉往岡山縣內各地。但現實的局面,卻讓下電感到左右為難!

在兒島對外往來岡山等處的競爭方面，搭下電火車的乘客得在茶屋町站轉乘國鐵列車，而新馬路開通後，通勤者直接搭下電自家的巴士出門反而更省時省力（貨運就更不用說了）。鐵路生意一落千丈，於是從茶屋町至兒島的北段鐵道運輸服務遂於 1972 年宣告結束。

剩下南段從兒島至下津井的路線，由於同區間的公路遇上山路阻隔運輸不便，仍有仰賴鐵路的需要，因此仍維持營運。而後，為便利跨海大橋興建過程的工程車輛進出，對馬路進行了改善，便利性勝過鐵路，火車便持續服務到 1991 年正式交棒給巴士。自此，「下津井電鐵」就成為沒有鐵路服務的鐵道會社了！

也許有讀者好奇，下電當初經營的茶屋町站到兒島站區間，路線不就跟現在 JR 的瀨戶大橋線重疊嗎？就時間脈絡來看，下電北段在 1972 年 3 月就廢除了，而 JR 瀨戶大橋線從宇野線的茶屋町站分出是在 1988 年 3 月通車，兩者的存在期間沒有重疊。而且兩者鐵路行經的路廊也完全不同喔！

兒島一帶早年的海岸線，離下電兒島站不遠，附近的大正橋已是離出海口最近的橋樑與通道了。反觀現今 JR 兒島站周邊，那時皆為鹽田或海埔新生地；現階段仍以低密度開發為主，除鐵路高架橋外幾乎沒有高層建築，只有廣闊的停車空間與空地。讀者踏出 JR 車站時，別被周圍空蕩蕩的街景嚇一跳囉！

1 5 下津井電鐵曾為居民仰賴的交通工具
2 兒島學生服館中展示的下電昔日風情
3 如今的下津井電鐵是只有巴士服務的鐵道業者
4 回船問屋中的鐵道紙藝模型，重現下津井站昔日的熱鬧景象

風之道
風の道
沿路美景的腳踏車專用道

1

　　下電路線廢除之後，由兒島前往下津井這6.5公里的區間改闢為腳踏車道，可讓遊客騎單車遊覽。由於該路廊過去是讓火車行走，因此沿途坡度較緩，即便是平常沒騎車的遊客亦可輕鬆騎乘！

　　名為「風之道」的單車道由下電的舊兒島站出發，這是一棟兩層樓的建築物，鐵路廢線後未被拆除，但目前沒有太明確的再開發用途。

　　下電在 1971 年停駛茶屋町到兒島的北段區間後，剩下南段從兒島至下津井的路。與之平行的公路因山路運輸不便，仍得需要仰賴鐵路，因此維持營運。兒島站的位置曾在 1987 年稍微調整，向南移動數百公尺抵達交流中心南側的現址。

　　即便下電兒島站已停止營運將近 30 年，但站前仍是一處重要的路線巴士節點。下電的車班從 JR 兒島站出發後，除了夕景鑑賞巴士外幾乎都會再繞到市民交流中心前，實質上是 JR 車站以外的另一轉運樞紐。

　　兒島一帶早年的海岸線，離下電兒島站不遠，附近的大正橋已是離出海口最近的橋梁與通道了。至於現今 JR 兒島站周邊，當時皆為鹽田與海埔新生地。JR 站附近現階段仍以低密度開發為主，除鐵路高架橋幾乎沒有高層建築，取而代之的是廣闊的停車空間與空地。

　　騎單車沿著風之道繼續南行，在「倉敷城市醫院」(倉敷シティ病院) 前會經過一段櫻樹隧道，若在櫻花盛開的季節經過此處，其景致非常漂亮迷人。

　　單車道接著會兩度鑽過瀨戶大橋線的底下，穿過涵洞便來到下電的鷲羽山站。這裡是一處山坳的位置，天氣好時可望見瀨戶內海，一旁的步道往上更是一連串的展望台 (詳 P.130)。

2

鷲羽山站後一路下坡，經過東下津井站便抵達終點的下津井站，原本的車站已被拆除，但列車車庫還保留著，與多輛失去舞台的電車一同養老。這些電車由在地的同好會認養，其中兩輛老古董列車經網路募資，已移往下電旅館前保存。遊客此時可沿著海岸往東走，就是下津井的老街聚落了。

1 2 經集資保存於旅館前的兩節下電車廂 3 腳踏車道起點為最後一代的下電兒島站 4 昔日的鐵道現以「風之道」稱呼 5 腳踏車道沿途也有櫻花林

小錦囊

腳踏車租借服務

想騎腳踏車的遊客，可在兒島的觀光案內所 (兒島駅觀光案内所) 租用，地點就在 JR 兒島站的剪票口對面，很容易找到。

服務時間：09:00 ～17:30 (休 息 時 間 為12:00 ～13:00)，取車到16:30 為止

車資：淑女車單日 ¥300，電動自行車單日 ¥500

注意事項：這裡總共備有7輛淑女車與5輛電動自行車，務必在服務時間內還車

鷲羽山追落日之旅

鷲羽山夕景鑑賞巴士
搭巴士追夕陽賞日落

下津井電鐵為方便來此欣賞夕陽的玩家，開行了一班特殊的「鷲羽山夕景鑑賞巴士」。

發車日期：週五、六，以及假日的前一天行駛；週日與假日當天不會發車。

出發點：JR 兒島站西口的 5 號站牌

出發時間：參照當月的夕陽時間調整。冬季 11 ～
12 月為 15:30 出發，預定 17:40 回到車
站結束行程；夏天 7 ～ 8 月則是 18:00
出發、20:10 結束

沿途載客點：鷲羽山下電旅館、鷲羽山高地旅館
(鷲羽山ハイランドホテル)、瀨戶內
兒島旅館 (せとうち兒島ホテル)

夕陽觀賞點：原瀨戶大橋夕陽丘飯店前、鷲羽山
第二展望台

夕陽觀賞時間：表定停留每個觀賞點 15 分鐘

車資：¥510(小孩同價)，上車時直接向司機付費
購票即可

注意事項：夕陽時間每月皆不同，安排行程時請
務必確認時間。未發車的日子建議搭
下津井循環線至「鷲羽山第二展望台」
站牌下車，也可前往同一處鷲羽山展
望台

　　巴士的整體路線會呈現「6」字的形狀，有一點點迂迴。遊客在車上可能會感覺「這地方不是經過了嗎？」請別擔心並非司機不熟悉方向而迷路了。

　　巴士載滿客人後，會先前往三百山欣賞景觀，第一個觀賞點會在已停業的「瀨戶大橋夕陽丘飯店」前，此處的高度比較低，且在瀨戶大橋西側，因此欣賞的夕陽景觀，會是單純的海與島。

　　接著巴士會再前往「鷲羽山第二展望台」，該處空間的停車處有上下兩個圓環候車處，巴士會停在上圓環讓遊客下車，大約只要再走1層樓的樓梯便可欣賞美景，相當省力。

　　巴士的搭乘者，有很高比例是外國遊客，牛奶杰取材時，約有 35 個座位的巴士上載了 20 人，幾乎全部都是外國人。由於是專車行駛，遊客沿途都可以很放鬆，也不用費心查地圖或找景點。若有大型行李暫放於車上也沒關係，下車時攜帶貴重物品與相機即可。

　　賞景結束後，巴士回程也會將客人一一送回出發地，最後再返回車站。不過司機也會根據當天的乘坐情形，適度調整停留與返程時間，如果當時沒有客人要回沿途旅館，那麼則可延長待在山上的時間，下山後便直接返回車站，但仍會比預定時間早回到兒島站，對於需要安排後續交通的旅客也不用擔心時間問題喔！

1 前往展望台途中的車上景致 2 夕景巴士的回程時間會按當時狀況彈性調整 3 夕景巴士於5號站牌候車 4 夕景巴士的座位有特殊調整，方便觀賞景致 5 繞行各旅館接客人的巴士，也是兒島地區的車上觀光 6 夕景巴士載著大家追著夕陽跑

鷲羽山展望台

絶景名所

夕陽無限好盡在展望台

整個鷲羽山附近約有10座展望台,皆可欣賞瀨戶內海、夕陽,與跨海大橋的景致。從電鐵昔日的鷲羽山站出發,往東南向有一條沿著山勢稜線的步道,會串聯多處展望位置,終點止於第二展望台。

該路線沿途會經過這幾處:

1. 東屋展望台:位置大約在瀨戶大橋的鷲羽山隧道正上方。

2. 鷲羽山鷲羽一本松展望台。

3. 鷲羽山山頂展望台:周圍有一處羅盤造景,向遊客介紹各處的方位與景點。

4. 鷲羽山第一展望台(鷲羽山ビジターセンター、「島一つ」石碑)。

5. 鷲羽山第二展望台:為夕景鑑賞巴士停留的地方。

這條步道全程共1.2公里,上下坡則在海拔46～97公尺間,慢慢走約半小時可以完成,對體力要求不算高。

步道起點附近,也有下津井電鐵巴士的「田之浦」站牌,但此處只有平日每天2班、假日每天1班的「下津井線」會經過,路線是不同

於「下津井循環線」的,因此路線巴士對此並不實用,反倒是利用舊鐵道路線騎腳踏車比較方便抵達。至於路線尾端方面,可搭乘下津井循環線,每天會有10班車。

附帶說明,在Google Maps上標示為「鷲羽山展望台」之處,實為第二展望台的位置(靠近上圓環);而Maps上的「鷲羽山第二展望台」,其實是巴士站牌(在下圓環旁)。

1 鷲羽山周邊有多處展望設施 2 鷲羽山第二展望台還可眺望大橋群 3 由第二展望台欣賞夕陽

延伸行程：姫路

姫路市位於岡山的東邊約 75 公里處，大略在大阪與岡山的中間位置，屬於兵庫縣境內。

姫路交通

JR

從岡山前往姫路，可搭 JR 山陽新幹線或 JR 山陽本線的列車。若由關西地區的大阪與神戶前往，還有阪神電鐵直通山陽電鐵的私鐵路線可選。

岡山往姫路的JR資訊

JR 種類	JR 山陽新幹線		JR 山陽本線
列車推薦	Nozomi、Mizuho	Kodama	普通車
時間	20 分鐘	35 分鐘 (各站均停)	90 分鐘
車資	¥3,220 (兒童半價)	¥3,220 (兒童半價)	¥1,490 (兒童半價)

(＊資訊時有異動，請依官方公告為準)

免費腳踏車

外國遊客來到姫路，可免費借腳踏車代步。登記地點在觀光案內所 (觀光諮詢處)，位於 JR 姫路站的 1 樓。完成登記後，請前往站前大馬路底下的腳踏車地下停車場取車，離車站約有 400 公尺。由於該路程距離已相當於車站到姫路城的一半，因此也有人索性就直接步行到城堡了。

姫路市街圖

觀光循環巴士

從 JR 姫路站北口也有多班路線巴士會抵達城下，於「姫路城大手門前」下車即可，車程約 3 分鐘，車資 ¥100。遊客則常利用「姫路城 loop bus」(姫路城ループバス)。

姫路城loop bus

- 發車時間：平日每隔30分、假日隔15分發車
- 車程：3分鐘
- 車資：¥100
- 網站：www.shinkibus.co.jp> 路城ループバス

1 姫路站有 JR 山陽新幹線的列車停靠 2 山陽電鐵也是大阪往來姫路的交通工具之一 3 遊客能免費利用單車暢遊姫路市區 4 包括 loop bus 在內，有不少路線巴士會途經姫路城

姫路城
唯一納入世界遺產的天守城堡

✉ 兵庫縣姫路市本町 68 番地　📞 079-285-1146
🕐 09:00～17:00 (最後入場16:00)，4月27日～8
月31日延長1小時　💲 成人 ¥1,000、高中生以下
¥300，另有跟好古園的共通券成人 ¥1,040、高中
生以下 ¥360　🚌 神姫巴士至「姫路城大手門前」下
車，至登城口徒步5分鐘　🕐 90分鐘　http www.
city.himeji.lg.jp/guide/castle

　　位於姫路市中心的「姫路城」，以規模宏大
且保存完整著稱，可說是日本現在保存最完整
的城堡。其中又以五重六階的大天守，為整體
視覺的焦點。遊客從遠處望見它，就捨不得將
目光移開了吧！

　　姫路城本身於 1346 年竣工，醒目的天守則
建於 1601～1609年間，正是日本從戰國時代
尾聲進入江戶時代，戰火漸漸減少的階段。在
這樣的承平時期，大型的華麗天守紛紛出現，

目的由以往的軍事碉堡轉型成為藩主統治威權
的象徵。同時也是大名們 (大名，日本封建時
代對較大領域的領主的稱呼) 放棄武鬥後，彼
此之間另一種較勁方法！

　　這座巨大的城堡現有 74 棟建築物，大天守
為日本 12 座現存天守之一，同時也是 5 座國
寶城堡之首。此外，姫路城更是唯一有天守建
築物的聯合國世界文化遺產，於 1993 年底和
「法隆寺」一同登錄，為日本首批世遺。

　　由此不難想像，姫路城在日本乃至全球的
人文古蹟界中，具有非凡的地位。大天守曾由
2009 年起進行長達 6 年的「平成大整修」，
嚴重影響姫路地區的觀光收入。在 2015 年恢
復開放後，立即吸引大批遊客造訪姫路城，其
中還包括不少二次遊、多次遊的城堡迷喔！

　　牛奶杰曾經比喻過，如果這輩子只能造訪一
座日本的城堡，那麼無疑要選姫路城！

1 姫路城是日本第一批被登錄的世界文化遺產 **2** 姫路城
為現存最完整的日本城堡 **3** 由天守眺望車站方向的市區

安藤忠雄
作品

姫路文學館
姬路文学館
與姬路城互相輝映的現代建築

☒ 兵庫縣姬路市山野井町84番地 ☏ 079-293-8228 ⊙ 10:00～17:00(最後入館16:30),週一休館 $ 成人¥300、大學生與高中生¥200、中學生以下¥100 ➡ 姬路城loop bus至「清水橋(文学館前)」下車,徒步3分鐘 ⊙ 60分鐘 http www.himeji-bungakukan.jp

姬路城可說是日本17世紀建築工藝美學的代表,為不朽的典範作品。但如果要提現代的建築代表作品,位於姬路城背後不遠處的文學館,或許可以一別苗頭。

這座文學館由安藤忠雄設計,安藤慣用的清水模工法、大面積玻璃、水池,以及和四周綠蔭環境的搭配等手法,在文學館展現得淋漓盡致。儘管館舍建築本身不算巨大,但已充分展現安藤忠雄的設計精髓。

館舍建築主要分成南北兩棟,分別落成於1991年與1996年,但兩

者的風格樣式是一致的。若沒有經過特別介紹或預作功課,一般民眾大概難以感受出兩者的時間差。就連停靠腳踏車的車棚也不馬虎,同樣是大師整體作品的一部分呢!

文學館的設立初衷,是要保存與介紹本地的文學作品與文學家,讓更多讀者能夠認識他們的璀璨創作。一流的作品在一流的場地保存、研究與傳承,是再貼切不過的事了。

文學館同時還負責維護一棟建於大正年代的宅邸,稱為「望景亭」,就位於館舍旁。這棟老屋子過去的主人為姬路出身企業家的濱本八治郎,曾參與本地的銀行、瓦斯、紡織與煉瓦等事業。宅邸與日本庭園如今作為藝文活動的出租場地之用。

1 安藤的建築迷也常是文學館的訪客 2 此建築融入許多安藤忠雄慣用的設計元素 3 文學館的設立宗旨是介紹本地的文學家與作品 4 文學館於1990年落成啟用

延伸行程：直島

遊客造訪岡山，如果時間允許，不妨將行程往瀨戶海上的直島延伸！直島諸島在名義上屬於香川縣的直島町，但從岡山的宇野港搭船僅需幾分鐘航程，也相當方便。

直島交通

JR

　　遊客從岡山前往宇野港，可從 JR 岡山站搭乘 JR 瀨戶大橋線的各級列車至 JR 茶屋町站，再轉普通車至 JR 宇野線終點的 JR 宇野站。

　　由岡山經茶屋町到宇野的鐵路於 1910 年開通，並開設鐵道連絡船「宇高連絡船」往來開往高松，讓列車直接進入船艙海運到彼岸。在瀨戶大橋線於 1988 年開通前，宇野是本州聯結四國的重要港口。

　　瀨戶大橋通車後，由岡山經茶屋町、兒島前往四國的路徑重要性大幅提高，使得茶屋町至宇野區間淪落為支線地位。如今 JR 在白天時段，多請乘客搭乘岡山至茶屋町之間的普通車，抵達後於月台對面轉乘約 5 分鐘後出發的普通車至宇野。全程含轉車約需 50 分鐘，車資 ¥540（兒童半價）。

　　宇野線的常山、八濱、備前田井，以及終點宇野等車站，經瀨戶內國際藝術祭加持，有特殊的現代藝術彩繪，風格與旅行箱列車（詳見 P.54）互相呼應。旅行箱列車在去程行經八濱站時也會短暫停靠，讓旅客下車拍照，但提醒讀者不能以此作為起訖站。

1 為配合旅行箱列車的意象，陸地上的宇野站還多了救生圈裝飾 **2** 八濱站的創作風格非常搶眼 **3** 宇野線常會安排列車在茶屋町站與宇野站間來回折返

客運船

要前往瀨戶內海的島嶼，尤其是要到瀨戶內國際藝術祭的周邊諸島，岡山的宇野港會是很重要的節點，多條航線會由此出發。

列車抵達宇野站後，旅客僅需要順著指標前進，過馬路就能抵達右前方的碼頭區域。但這時請別忘了回頭注意一下宇野站，宇野站基於海陸要津的地位，散發著濃郁的海洋氣息。站前廣場設有船隻桅杆布景，繫上不同旗幟組成的旗號，表達 Bon Voyage 的訊息，祝君一路順風！

平時從宇野港出發的客運船班，可前往直島的 3 處港口，另有船班會靠豐島前往小豆島。往來宇野和高松的鐵道連絡船即便早已停駛，但如今仍有渡輪提供客貨運輸服務，尤其是要帶單車從岡山渡海到高松者的旅人，可說是非常便利。

直島本身有 3 座港口：宮浦、本村、風戶，其中以西岸的宮浦港為最主要的出入口，若要在島上租用腳踏車與汽車，車行也多集中在宮浦。

直島地圖

1 宇野港有船班往來直島各港口 **2** 宇野至直島宮浦港會有可載車輛的大型渡輪連結

宇野港的客運船班

港口	船隻	每日班次	費時	費用	港口位置	說明
本村港	旅客船	5	20 分鐘	大人單程 ¥290、去回程 ¥560，小學生單程 ¥150。回程最晚允許隔天搭乘，3 種船班皆可混搭。渡輪亦可搭載單車，單程 ¥310。	東岸，鄰近本村聚落	離美術館集中區較近
風戶港	渡輪	8	15 分鐘		北岸	車輛專用
宮浦港	渡輪	13	20 分鐘		西岸，鄰近宮浦聚落	遊客主要進出港
	旅客船	7	15 分鐘			
	深夜旅客船	1	15 分鐘	大人單程 ¥580，小學生 ¥290		

（＊資訊時有異動，請依官方公告為準）

小錦囊 交通遇到卡關的解法

　　JR 岡山站是該地區鐵路線的樞紐,多條路線由此呈放射狀往各方向延伸,但如果是在外圍的站點之間要彼此聯結,就會有點麻煩。例如同屬倉敷市的美觀地區要到兒島,搭火車的話就必須到岡山站轉車;兒島到隔壁的宇野站也得回到茶屋町站轉車,從地圖上來看有些迂迴繞路。

　　事實上,從倉敷到兒島,以及由兒島至宇野,都有下津井電鐵的路線巴士運行。同理,從宇野也有路線巴士,會取道岡山市區南側進城,和鐵路走不同路徑。因此讀者在這些地方要移動時,如果覺得火車班次不順,那麼路線巴士也是可搭乘的選擇。

　　不過若以整體的車程時間而言,巴士在外圍城鎮之間連結時,由於沿途停靠站牌較多,會拉低整體速度,因此省時效果不一定明顯喔!

島上交通

　　玩家在直島上的行程,大概分布在 3 個範圍,西側的宮浦港聚落,東側的本村聚落,以及南部的 Benesse House 周邊。這三者的關係位置約莫呈現 1 個邊長 2 公里的正三角形。

　　從宮浦港經本村,到 Benesse House 門口的「つつじ莊」有直島町營巴士行駛,每趟 ¥100(4 歲至小學 ¥50,4 歲以下免費,車上無兌幣機)。巴士載客 28 人,旺季有擠不上車的可能。由つつじ莊到各美術館則有 Benesse House 的免費接駁巴士。

　　除了搭巴士、租車或腳踏車,步行其實也是可行的方法,牛奶杰本身就走過很多次喔!

　　另外提醒,島上只有 1 輛 9 人座的計程車,想包車的讀者請儘早預約。

1 租單車也是一種代步方法 **2** 島上的交通可以搭乘町營的巴士 **3** 町營巴士在旺季確實有搭不上的可能

⊙ 小提醒

吃住補給免擔心

　　餐廳多半集中在宮浦聚落,以簡單的日式餐點或美式漢堡為主,島上唯一的便利商店(7-ELEVEN)也在此。其他聚落有一些具有獨特風格的咖啡廳,部分可用餐。住宿方面除了高級旅館的 Benesse House,在宮浦聚落也有小型旅館、青年旅社與民宿。

唯一的便利商店位於宮浦港附近

海之驛
海の駅「なおしま」
名建築師設計的觀光案內所

📧 香川県直島町2249-40 📞087-892-2299 ⏰08:30～18:00(觀光案內所) ➡宮浦港旁 🕐30分鐘

「海之驛」本身是宮浦港的候船室，兼遊客服務中心、投幣式寄物櫃、洗手間、紀念品店、巴士站等功能(往つつじ莊是2號站牌)。建物本身由名建築師妹島和世與西澤立衛合夥的SANAA事務所設計，頗受好評。戶外廣場有草間彌生的紅南瓜作品。

直島Hall
直島ホール
町民會常來的公民會館

📧 香川県直島町696-1 📞087-892-2882 ⏰24小時(外觀鑑賞) 💲免費參觀 ➡直島町營巴士至「役場前」下車，徒步3分鐘 🕐15分鐘 http setouchi-artfest.jp/tw>作品>直島>na08 Naoshima Hall

「直島Hall」是直島町民會館，也就是社區活動中心。本身並非藝術祭相關作品，但建築設計非常漂亮，讓人羨慕町民們有如此令人嚮往的空間。該建築可說是三分一博志的代表作，其他知名作品還有宮島的彌山展望台，與犬島精錬所美術館等。

非常吸引人的社區活動中心

直島錢湯「I♥湯」
直島錢湯「I♥湯」
是藝術作品也是公共澡堂

📧 香川縣直島町2252-2 📞087-892-2626 ⏰13:00～21:00(最後入場20:30)，週一公休 💲¥650 ➡宮浦港徒步1分鐘 🕐30分鐘 http benesse-artsite.jp/art/naoshimasento.html ⁉室內禁止拍照

這件藏身宮浦聚落的作品，由藝術家大竹伸朗設計，外觀融入各種當地取材的裝飾品，有些逗趣與惡搞。大竹伸朗在瀨戶內地區有多座作品，均維持一貫風格。「湯」在日文發「Yu」

的音，所以該名稱有I Love You的雙關涵義。這裡確實是可泡澡的錢湯，平常不能拍照喔！

1 直島錢湯的外觀相當耐人尋味 2 錢湯不僅是藝術創作成果，還真的可以泡湯(平時禁止拍照，取材時為特殊場合)

家Project
家プロジェクト
將藝術作品與民宅結合

📧 香川縣直島町850-2 ☎ 087-840-8273 ⏰ 10:00～16:30 💲 單點¥410, 共通券¥1,030(不含「きんざ」作品) ➡ 直島町營巴士至「農協前」下車, 周邊徒步5分鐘內 ⓞ 2.5小時 🌐 benesse-artsite.jp/art/arthouse.html

這是由 Benesse 推動的方案, 在本村聚落利用原本的民家或社區閒置空間, 改裝為裝置藝術作品, 讓鑑賞者深入其中感受不同於在美術館的體驗。

「家 Project」共有 7 件作品,「南寺」是挑戰視覺光影的作品, 非常有看頭。「はいしゃ」則由大竹伸朗以舊牙醫診所打造為異次元空間, 風格強烈。

遊客請於「本村ラウンジ＆アーカイブ」或海之驛的遊客中心購買共通門票¥1,030(15 歲以下免費)。但其中的「きんざ」得先上網預約, 票券獨立發售。

本村聚落另有 ANDO 博物館, 以安藤忠雄和他的作品為主題策展。

1 家 Project 的「南寺」外觀樸素而有些單調, 重點是入內的參觀體驗 **2** 家 Project 有 7 件隱藏於村落中的作品(此為「はいしゃ」)

Benesse House美術館
ベネッセハウスミュージアム下
島上的現代藝術瑰寶

📧 香川縣直島町琴弾地 ☎ 087-892-3223 ⏰ 08:00～21:00(最後入館20:00), 年中無休 💲 ¥1,030(15歲以下免費) ➡ 免費接駁巴士至「ベネッセハウスミュージアム下」下車, 徒步3分鐘 ⓞ 1.5小時 🌐 benesse-artsite.jp/art/benesse-house-museum.html ⁇ 館內禁止照相

半山腰上的「Benesse House 美術館」前身為直島現代美術館, 現融入為 Benesse House 的一部分, 有各種類型與風格的現代藝術作品, 絕對值得入內參觀。美術館本身的建築為安藤忠雄作品, 將當地的山海景觀與建築融合在一塊, 也是安藤迷的朝聖地點。

1 館外空間有許多作品 **2** 美術館融入現場的地形地貌

李禹煥美術館
日韓大師合作的藝術品

香川縣直島町字倉浦1390 087-892-3754 10:00～17:00(3～10月至18:00, 封閉前30分最後入館), 週一休館 ¥1,030(15歲以下免費) 免費接駁巴士至「李禹煥美術館」下車即可 30分鐘 benesse-artsite.jp/art/lee-ufan.html 館內禁止照相, 館內無哺乳室, 尿布台, 輪椅使用者請先聯繫

安藤忠雄與韓國的李禹煥，一同設計了這座美術館，於2010年趕上第一屆瀨戶內國際藝術祭時開館，安藤負責建築、李禹煥則創作和這棟美術館無法分割的內容。館內也典藏了李禹煥充分利用光影技巧的雕塑與繪畫作品。

李禹煥美術館也是安藤忠雄的建築作品

地中美術館
藏在地下的美術館

香川縣香川郡直島町3349-1 087-892-3755 10:00～17:00(3～10月至18:00, 封閉前60分鐘最後入館), 週一休館 ¥2,060(15歲以下免費) 免費接駁巴士至「地中美術館」下車即可 2小時 benesse-artsite.jp/art/chichu.html 館內禁止照相, 館內無哺乳室, 輪椅使用者請先聯繫

「地中美術館」是安藤忠雄的巔峰代表作之一，泰半空間隱藏於地表，實現其建築與自然環境結合的主張。館內典藏莫內的名畫《睡蓮》，Walter De Maria的大型作品《Time/Timeless/No Time》則令人震懾。本館為完全預約制，務必先由官網購票。

地中美術館的館舍真的就在地中

Benesse House
ベネッセハウス
讓瀨戶內海藝術化的發源地

香川縣香川郡直島町琴弾地 087-892-2030 15:00(check in)～11:00(check out) ¥17,820起(兩人入住時的單人費用) 免費接駁巴士至「ベネッセハウスショップ」下車即可 1小時(開放區域作品鑑賞) benesse-artsite.jp/stay/benessehouse 非房客勿進入住宿區域

「Benesse House」是島上的高級旅館，這裡過去是舊露營區，卻因為倍樂生集團與福武總一郎投入藝術改造，而有重大的轉變，可說是直島藝術化的濫觴。

這裡有旅館的多棟建築，靠海附陽台的房型非常吸引人。戶外空間有各式裝置藝術，草間彌生著名的黃南瓜就位於此。

草間彌生著名的南瓜作品

瀨戶內國際藝術祭

何謂藝術祭?

瀨戶內國際藝術祭 (Setouchi Triennale) 是從 2010 年起每三年舉辦一次的大型藝術活動,展出地點在瀨戶內海的諸多島嶼,包括直島、豐島、犬島、男木島、女木島、小豆島等處。

Benesse House 美術館前身的直島美術館於 1992 年啟用,作為 10 週年企劃的「標準展」於 2001 年底揭幕,成果備受矚目,之後陸續延伸,終於在 2010 年擴大為跨島聯展。因此藝術祭可說是從直島種下藝術幼苗開花結果的成就。

在此同時,瀨戶內藝術祭也強調「海之復權」,希望讓過去曾經繁榮,如今卻逐漸失去生氣的瀨戶內海島嶼們再次復甦,吸引海內外的遊人登島親近。

作品鑑賞護照

瀨戶內藝術祭通常會在該年分 3 段舉辦,以 2019 年為例就有春 (4 月 26 日～5 月 26 日)、

夏 (7月19日～8月25日)、秋 (9月28日～11月4日)，共3期。

讀者如果在藝術祭期間到訪，最重要的好處是有「作品鑑賞護照」，可省下參觀各自作品一一購票的費用，交通方面也有超值的「渡輪3日券」可用。此外，船班在這些期間增密班次，甚至會出現平常無船班的航線

沒趕上藝術祭，或想避開人潮也沒關係，藝術祭既然強調島嶼復甦，自然不能只集中在會期，平時也需要長期穩定的耕耘，因此在會期之外仍然有不少作品會開放，同樣能享受藝術饗宴。

1 作品分散於島上各處，不再局限於美術館當中 2 瀨戶內國際藝術祭從2010年正式誕生 3 藝術祭相關作品會有藍色的指引牌或解說牌 4 藉由藝術創作，讓地方變得生動有魅力 5 即便不在3年一度的藝術祭期間，依然歡迎造訪 6 藝術祭期間的交通措施會方便許多

大地藝術祭

豆知識

瀨戶內藝術祭的主要發起人為北川富朗，但這並不是他第一次推動如此大型的藝術盛會。在瀨戶內之前，以新潟縣十日町為主的「大地藝術祭」(大地の芸術祭越後妻有アートトリエンナーレ) 從2000年發起，同樣為3年展型態。

十日町的里山地區因人口結構老化、居民外流等因素，失去地方生氣，而嘗試透過藝術活動喚起世人注意，走進山中，活絡鄉土。大地藝術祭的經驗，為瀨戶內成功鋪路，且創造更為豐碩的觀覽人數成果。

1 瀨戶內藝術祭受到大地藝術祭不少啟發 2 讓作品融入環境，是兩項藝術祭共通的創作方式

廣島

提起廣島，很難不想起它被戰爭摧毀的歷史。但現在的廣島早已從戰火中重生，並發展為山陽地方的第一大城，工商發達，觀光資源也很豐富。

除了廣島市區，周邊的吳市、尾道、鞆之浦，與宮島分別具有不同自然與人文特色魅力。喜歡單車運動的玩家，更要把握自我考驗的機會，挑戰島波海道與鳶島海道，在瀨戶內海的島嶼間馳騁穿梭！

廣島縣

宮島　江田島　吳　竹原　三原　尾道　福山　廣島

百年流傳好滋味！

廣島 おいしい

限定獨特美味

讓人食指大動的經典美味

御好燒／お好み燒き Okonomi-yaki

「御好燒」為廣島地區傳統美食，將薄麵皮、高麗菜絲與麵條一起堆疊來煎，再加上風味醬料。基本款的御好燒也有肉、雞蛋，另外也有加入牡蠣的吃法。麵條可以選蕎麥麵或烏龍麵，當地人以蕎麥麵為多。御好燒的作法跟將麵糊攪在一起的大阪燒略有不同，也常稱「廣島燒」，但本地人並沒有這種稱呼。

廣島市區可說是各處都有機會找到賣御好燒的店鋪，如果想省力氣也不想查特別的名店，在 JR 廣島站靠新幹線口的 ASSE 北棟 1 樓有一條「御好燒街」，人潮還不少，幾間人氣店家的門口會需要排隊喔！

1 知名店家常得排隊 2 煎盤上的御好燒，有大量高麗菜絲與麵條 3 廣島人本身不用「廣島燒」的說法

烤牡蠣

廣島是日本的牡蠣盛產地，占全國半數以上的產量，自然也常成為桌上佳餚。一般常見的吃法為直接火烤，或變成炸牡蠣，另外也有焗烤、醃漬，或做成牡蠣飯糰等變化。有趣的是，廣島除了「縣花」還有「縣魚」，且獲選者竟然不是鯉魚，而是牡蠣喔！

4 牡蠣是廣島的特色美食 5 除了火烤品嘗，牡蠣還有多種吃法

担担麵

担担麵的吃法要先將麵與上頭覆蓋的肉燥與蔥花大量攪拌，先試一下味道，接下來再根據自己的口味加入担担麵專屬醬汁、花椒、醋、辣油、溫泉蛋；麵吃完了還剩醬汁，可再點半碗白飯一掃而空！除重點的花椒與醬汁，在武藏坊等推薦店鋪還可先選要以胡麻或醬油為基底。

6 担担麵的肉燥與醬汁非常吸引人 7 自行酌量加入花椒，讓担担麵更有味

咖喱飯

咖喱飯是往昔帝國海軍軍艦上的重要料理，現在也被自衛隊繼承，而且每艘船艦的咖喱飯各有風味，也常舉辦烹飪競賽，甚至還有軍港間的對抗！在吳市有多間「潛水艇咖喱飯餐廳」，由艦上廚師負責口味監修，證書均有期限得把關好才能持續認證。

1 來自海上的咖喱飯是吳市的代表美食 **2** 想賣自衛隊咖喱飯，得先通過艦長的認證

廣島沾麵／広島つけ麺

「廣島沾麵」也受到不少玩家推薦。所謂的「沾」，是以冷麵沾店家特調的辣椒與胡麻醬汁，再爽快大口吞下的吃法，另搭配川燙的小黃瓜與高麗菜。醬汁辣度通常可依顧客需求調整，在名店「爆蛋屋」(ばくだん屋) 由 0～100 任君指定。

3 沾麵是以冷麵沾各店家的獨門醬汁品嘗

1

2

3

4

5

6

7

楓葉饅頭

「楓葉饅頭」是廣島地區的知名點心，吃起來感覺像有內餡的楓葉造型雞蛋糕，除傳統紅豆內餡，已開發出十多種口味。知名店家有「にしき堂」與「やまだ屋」等，本店多在宮島，但於車站、機場、百貨公司多設有櫃位。除了傳統的楓葉饅頭，KitKat 也在廣島銷售楓葉饅頭口味的巧克力！

4 有巧克力口味的楓葉饅頭，也有楓葉饅頭口味的巧克力 **5** 藤屋是楓葉饅頭的名店之一 **6** 楓葉饅頭與餡料雞蛋糕非常相近

拉麵

廣島的拉麵口味一般是以濃郁的醬油豚骨為底，再搭配叉燒肉、豆芽菜，蔥花等配料，屬於不太華麗、卻同樣能征服老饕的樸實味道。如同「廣島燒」的謬誤，本地通常不會以「廣島拉麵」稱之，在菜單或店門暖簾上會看到的是「中華拉麵」(中華そば)。

7 廣島拉麵常以濃郁醬油豚骨為底

廣島市

戰國時代統一安藝地區的毛利家，於 16 世紀末選擇太田川出海口三角洲興建城堡。由於這塊三角洲相當廣闊，因此有了「廣島」的稱呼。

現今的廣島市歷史，大致從廣島城於 1599 年落成後開始發展。在近代的甲午戰爭與日俄戰爭期間，負責戰事的「大本營」設於廣島，明治天皇與國會也進駐本地，使其具有「臨時首都」的機能。

然而，廣島在 1945 年 8 月 6 日成為史上第一個遭核子武器攻擊的目標，此舉促使戰爭終結，但廣島死傷無數，市中心幾乎被摧毀！

廣島在戰後脫胎換骨成為現在逾百萬人的都會區中心，也是中國地方的最大城，更於 1994 年成功舉辦亞運會。由於擁有原爆圓頂館與嚴島神社兩大世界遺產，讓造訪廣島的西方遊客數在日本主要城市中也是名列前茅！

廣島市地圖

1 廣島城在戰爭期間扮演臨時首都的角色　2 廣島已從二戰的煉獄中重生　3 廣島有豐富的飲食文化

廣島市交通

廣島電鐵

　　廣島電鐵的路面電車,是居民與遊客在市區最常仰賴的交通工具。廣電目前有1～9號共8條營運系統(4為空號),其中2號系統出城時,在西廣島站後會脫離馬路,改走專用的宮島線鐵路,連結宮島口。

　　廣電的車站總數約有80座,單一車站可能同時有多條系統的路電會停靠。如「原爆圓頂館前站」(原爆ドーム前)的西向月台,同時有1、2、3、7、9等5條系統的電車,開往3個方向。因此,搭車前務必要確認該電車會不會到自己要前往的目的地。

車資：市區內為單一價 ¥180(兒童半價);宮島線區間則依里程分段收費,上車時要抽取整理券,下車時憑券上號碼對照螢幕顯示的金額付費

付費方式：現金、廣電PASPY智慧票卡(與ICOCA與Suica等卡片通用)

12座指定轉乘站：西廣島、土橋、十日市町、紙屋町東、紙屋町西、本通、八丁堀、的場町、皆實町六丁目、日赤病院前、廣電本社前、宇品二丁目

轉乘須知：可在12座指定轉乘站下車時,向車掌領取1張轉乘券,第二段下車時只需繳回轉乘券,免再付一次車資。以電子票卡轉車免轉乘券,第二段下車感應時自動不扣款

1 部分車站的顯示器,會提醒接下來抵達的電車是單節或多節(連接車) 2 因應高齡社會,廣電引進5100型電車,為日本最初的國產全超低底盤電車 3 在有多條路線經過的車站,也會顯示接下來的電車是開往哪邊 4 老電車讓旅人覺得格外有味道 5 從此張銘牌看得出老電車的身世,是廣島重生階段從其他城市轉行來的

小錦囊

3 種廣島電鐵乘車付費狀況

1. 單節的電車由後門上車、前門下車,於下車時付費。
2. 多節的電車一般會有4扇車門,由中間的兩扇上車、前門與後門下車,於下車時付費。
3. 人潮眾多的JR廣島站前站與西廣島站等處,採車外付款方式,有專人在月台以移動式運賃箱(票費箱)收現,或讓卡片感應扣款。

搭廣電一般是下車時在車內收費,但在幾座大站也有先下車再付費的疏散措施

JR可部線　横川　新白島　JR山陽本線　JR芸備線　廣島　至大阪

ASTRAM Line

横川站　8　7
横川一丁目
別院前
寺町
本川町
十日市町
観音町　天満町　小網町
廣電西廣島　西廣島　3
東高須
高須
古江
草津
草津南
商工センター入口　新井口
井口
修大協創中高前　五日市
広電五日市
佐伯区役所前
楽々園
山陽女学園前
広電廿日市　廿日市
廿日市市役所前(平良)
宮内　宮内串戸
JA広島病院前
地御前
阿品東　阿品
広電阿品
廣電宮島口　宮島口
至下關　宮島

新白島　城北
原爆ドーム前
縣廳前
紙屋町西
紙屋町東
本通
本通
立町
土橋　和平念紀公園
市役所前
中電前
鷹野橋
日赤病院前
廣電本社前
廣島港　3　1　5
舟入町
舟入本町
舟入幸町
舟入川口町
舟入南
8　6　江坡
福島町　西観音町

9　白島
家庭裁判所前
縮景園前
女学院前
広島駅　2　6　1　5
猿猴橋町
八丁堀
胡町
銀山町
稲荷町
的場町
段原一丁目
比治山下
比治山橋
南区役所前
皆実町二丁目
皆實町六丁目
広大附属学校前
県病院前
宇品二丁目
宇品三丁目
宇品四丁目
宇品五丁目
海岸通
元宇品口
御幸橋
平和大通

2

廣島灣

松山

廣電路面電車路線圖

1 廣電西廣島站應該是日本規模最大的路面電車站，相當氣派 2 要在這些車站轉車時，可索取轉乘券 3 2 號線先穿過市區後，會直接變身為往來宮島口的鐵路電車 4 宮島線變身為傳統的鐵路，乘車費用也改依里程增加

ASTRAM Line／アストラムライン

擁有獨立軌道的「ASTRAM Line」，為廣島都會區的新交通系統，相當於從市中心鬧區到市郊的捷運系統。

ASTRAM Line 因應廣島舉辦第 12 屆亞運會於 1994 年通車，是當時聯結市區與競賽會場的利器。全線總長有 18.4 公里，設置 22 座車站。列車採用輪胎運行，每節車廂只有短短的 8 公尺，模樣可愛。

其路線以市區的本通站為起點(位於紙屋町)，以地下化方式經過廣島縣廳與廣島城的外圍，於新白島站之後穿出地面，成為高架軌道。其中由本通站至縣廳前站這 300 公尺在法規上屬於地下鐵，可說是日本最短的地下鐵系統。受四周地形因素影響，它在市郊的路線呈一個「？」問號符號的形狀，相當有趣。

遊客以往較少使用 ASTRAM Line，不過當新白島站與 2015 年春季啟用後，可方便轉

乘 JR 山陽本線的列車。遊客從 JR 列車透過 ASTRAM Line 直入廣島市中心鬧區的紙屋町一帶僅需 5 分鐘，是搭路面電車之外另一便捷選擇。若要前往交通科學館，ASTRAM Line 也是最方便的工具。

發車班次：平日白天每隔 10 分鐘發 1 班車，上班尖峰時段最密時可隔 2 分鐘發車
車資：單程 ¥190 ～ ¥480(兒童半價)
付費方式：PASPY、ICOCA 或 Suica 等智慧票卡，但 PASPY 以外的卡片過改札機 (自動驗票機)時會延遲 1 秒，這是正常的，別誤以為自己的卡片卡住了
1 日券：¥930 (由售票機發售)
網址：www.astramline.co.jp

---

1 新白島站是相當具有科技感的車站 **2** 猶如「？」般的路線 **3** ASTRAM Line 的開通，與廣島亞運會有關，是聯結市區到市郊的重要交通關鍵

meipuru~pu巴士／めいぷる～ぷ

JR 西日本的子公司「中國 JR 巴士」在廣島市區提供方便遊客造訪各主要景點的循環路線巴士，稱為「めいぷる～ぷ」(meipuru~pu)。

循環巴士有 3 條路線，起訖點皆為 JR 廣島站的新幹線口 (北側) 2 號站牌，均會經過縮景園、原爆圓頂館、和平公園、和平紀念資料館等處。個別的路徑稍有不同，細節可參考官網路線圖。

	橘色 オレンジルート	綠色 グリーンルート	檸檬 レモンルート
起訖點	JR 廣島站新幹線口 2 號站牌		
共同目的地	縣立美術館、縮景園、紙屋町、原爆圓頂館、和平公園、和平紀念資料館、八丁堀		
獨有目的地	廣島城、護國神社、ひろしま美術館、現代美術館前 (比治山)	二葉之里歷史散步道、廣島東照宮	廣島城、護國神社、ひろしま美術館
首班車	09:00	09:15	09:30
末班車	17:00	20:00	19:30
每日班次數	9	21	22
廣島站至圓頂館	11 分鐘	11 分鐘	11 分鐘
圓頂館至廣島站	36 分鐘	29 分鐘	24 分鐘

(＊資訊時有異動，請依官方公告為準)

車資：每趟 ¥200
付費方式：ICOCA 等智慧票卡；持有 JR Pass 或 JR 西日本的各張周遊券 (範圍需包含廣島)，則可免費搭乘
1 日券：¥400 (兒童皆半價)，於廣島站站牌旁的售票亭或車內購買
搭乘須知：由前門上車並付款、後門下車
網址：www.chugoku-jrbus.co.jp＞中文 (繁體) ＞觀光周遊公共巴士＞廣島市內循環巴士

■1 車內會顯示接下來的目的地　■2 檸檬線的巴士開往和平公園途中　■3 橘色路線的巴士

docomo單車

台灣許多城市有 Ubike 系統，是民眾代步的好幫手。在日本的許多城市與區域，則有電信商 NTT docomo 出資經營的紅色小型單車系統，稱為「docomo-cycle」，可用車時段為每天 07:00～23:00。

首次租車前，使用者請先從官網進行註冊（docomo-cycle.jp/hiroshima），頁面雖然只有日文與英文，但看漢字填寫資料不算困難，約 5 分鐘可完成。此後租車時僅需從網頁選定車輛，取得解鎖密碼後，於單車椅墊後方的鍵盤輸入密碼，便能開始用車。還車時需將單車停在車架上，扣上車鎖，再按鍵盤的 ENTER 鍵即可。系統會即時寄發確認信件到註冊信箱，告知完成租還。

廣島市區大概有五十多個據點，方便取、還車。一日會員不妨一早取車開始行程，途中鎖車參觀，結束再前往下一地點，不受大眾交通工具的班次時間限制，很有自主性呢！

①

短租、日租與月租方案

（＊資訊時有異動，請依官方公告為準）

會員方式	一次會員	一日會員	全月會員	一日觀光方案
計價方式	前 60 分鐘 ¥162，之後每 30 分鐘 ¥108	每天 ¥1,080，當日不限次數與時間用車	月費 ¥2,160。用車時前 60 分鐘免費，之後每 30 分鐘 ¥108	透過人工櫃台租車單日 ¥1,500，14:00 後起租優惠 ¥800。經無人販賣機租車則單日 ¥1,080
付費方式	註冊時綁定的信用卡扣款			現金結帳，透過人工窗口借車時不需綁信用卡
備註	註冊時就需要先選好會員種類，但日後可變更			

③

②

① docomo 單車是廣島非常方便的共享單車系統　② 座椅後方的鍵盤，可輸入取車密碼　③ 通常有簡易車架讓車輛有固定的停放範圍

蔦屋家電
廣島站前最時尚的家電量販店

✉ 広島県広島市南区松原町3番1-1号 ☎082-264-6511 ⏰10:00～21:00 ➡JR廣島站南口，徒步1分鐘 ⏱60分鐘 🌐edion-tsutaya-elec-trics.jp

踏出 JR 廣島站左手邊的「蔦屋家電」，值得花點時間瞧瞧。蔦屋所屬的 CCC 集團為近年日本文化消費潮流的引領者，以「蔦屋書店」受到最多人注意。

蔦屋家電是 CCC 集團的另外一個嘗試，首間門市設在東京高級住宅區地段的二子玉川，廣受矚目。出乎意料的是，蔦屋家電的第二步不在東京、大阪或京都，而是來到廣島，與本地著名的電器業者 EDION 合作開店。

店內有 3 層樓空間，1 樓以書本為主，還有腳踏車生活館、專售在地料理食材的超商，與花藝門市。2 樓與 3 樓以展售各式大小家電為主，如吸塵器、冰箱、電視、洗衣機，與空調設備等，都可在此挑選，提供民眾優質舒適的空間採購這些電器商品，打造嶄新的消費「驚豔」！

🈂 全日本第二間蔦屋家電就設在廣島 🈂 蔦屋家電開在JR廣島站旁邊

廣島T-SITE
蔦屋操刀的大型生活提案店

✉ 広島県広島市西区扇2丁目1-45 ☎082-501-5000 ⏰08:00～23:00 ➡搭JR或廣島電鐵於新井口站下車，經天橋至隔壁的AIpark購物中心南館，於1樓的巴士總站搭巴士至LECT，車程約10分鐘，車資¥100 ⏱90分鐘 🌐store.tsite.jp/hiro-shima

CCC 集團也在廣島市郊的購物中心「LECT」中開設「T-SITE」，以店中店方式結合蔦屋書店與其他生活概念提案店，很值得一逛。

T-SITE 系列的店鋪，可說是 CCC 集團的旗艦級大店，在書籍與影音光碟外還常結合3C、園藝、廚藝、輕食、3D 列印與木工手作等專門店，為都會生活創造更多可能。

🈂 蔦屋書店為 CCC 集團的核心品牌，蒐羅各領域的海內外書籍 🈂 T-SITE 是大型的生活提案店，時間充足一定要好好逛逛

縮景園
廣島市區的大名庭園

広島県広島市北区駅元町1-1 ☎086-801-0029 ⏰4～9月09:00～18:00；10月～隔年3月09:00～17:00。閉園前30分鐘最晚入園 💲大人¥260, 大學生以下¥150, 中學生以下¥100, 65歲以上免費(外國人亦可享此優惠) ➡路電「縮景園前」, 徒步3分鐘 ⏱45分鐘 http shukkeien.jp

「縮景園」離JR廣島站只有一橋之隔, 是市內最著名的日式庭園, 已被列為「日本歷史公園100選」。

縮景園的興建, 可回溯到廣島藩初代藩主淺野長晟主政的階段, 他在1619年從紀州移封到領地農產資源更充沛的安藝國廣島。隔年決定斥資興建大名庭園, 即縮景園的前身。

縮景園也曾於明治階段接待天皇與皇族成員, 至1913年才開放民眾參觀。不過此處以往稱為「泉水屋敷」或「泉邸」,「縮景園」之名是二戰後才改稱的, 命名緣由據說是指濃縮了杭州西湖的景致!

縮景園以中央的濯纓池為核心, 面積約4.8公頃, 四周廣栽樹木, 現今為廣島市區的綠地兼賞楓名所。但受原子彈的影響, 園內4千多棵樹撐過戰爭災害的老樹只有3棵, 其他都是戰後才種的。縮景園於1970年完成整修才重新開放。

園中有一小塊區域稱為「有年場」, 藩主以往每年必須親自下田, 作為祈求五穀豐收的儀式。類似作法也存在於皇居, 天皇至今仍會親自插秧, 皇后則會餵蠶養桑, 是不忘日本以農立國的象徵。

縮景園在楓紅期間也提供了租借浴衣與和傘的服務, 頗受西方遊客歡迎, 不時可見到換上浴衣者在園內四處取景自拍的畫面!

1 縮景園是廣島市區的重要傳統名勝 2 秋天的縮景園也是賞楓熱點

廣島城
與廣島市民重新站起來的城堡

✉ 広島県広島市中区基町21番1号 ☎ 082-221-
7512 🕐 天守3～11月09:00～18:00, 12月～隔年
2月09:00～17:00。閉園前30分鐘最晚入園。戶
外24小時開放 💲 大人¥370, 高中生與65歲以上
長者¥180, 中學生以下免費 ➡ 路電「紙屋町東」
或「紙屋町西」, 徒步15分鐘；ASTRAM Line「縣
廳前」, 徒步12分鐘 🕐 45分鐘 http www.rijo-cas-
tle.jp

　　毛利家在戰國時期統領安藝國與周邊領土
時, 多以山裡頭易守難攻的吉田郡山城為根據
地, 直到1588年決定跟隨豐臣秀吉後, 解除
了戰事威脅, 隔年便決定在太田川下游三角洲
面積最寬廣的島上興建城堡, 以加強獲得瀨戶
內海的商業資源。該城堡就是廣島城, 於1599
年完工。

　　然而, 毛利家在隔年的關原之戰選擇支持石
田三成, 走錯這步棋使他們在戰後獲勝的德
川家檢討, 沒收了包括安藝國在內的大部分領
地, 根據地遷往山陰相對未開發的萩城, 藉由
「躲得遠遠的」這招, 降低毛利家對德川家的
威脅感。因此毛利家真正擁有廣島城的時間非
常短！

　　甲午戰爭時間, 日本將「大本營」設在廣島,
包括明治天皇與國會也一起移到廣島運作, 可
說是日本除了東京之外另外一個首都。明治天

皇的臨時皇宮位置就在廣島城的範圍內, 臨時
國會則在離縣廳不遠處的市街。清廷與日本戰
末開始磋商的地點, 也是在廣島。

　　原本的廣島城難逃原子彈的攻擊, 目前見到
的天守為1958年重建的成果。廣島城天守的
重生, 是廣島城市復興過程的一大精神指標！

1 原子彈攻擊後殘存的大本營遺跡 2 現在的廣島城天守
為戰後重建的成果

紙屋町商店街

　　紙屋町一帶為廣島的市中心鬧區，路面電車在此的路網呈現 T 字形，共設置了紙屋町東、紙屋町西、本通，以及代町等車站，方便居民使用。ASTRAM Line 的起點也設於本通站。

　　廣島的 SOGO 百貨緊鄰在路電 T 字形路網的路口北側，背面還有座大型購物中心「pacela」。

負責陸路交通重任的廣島巴士總站 (広島バスセンター) 也在 SOGO 旁，要前往廣島機場亦可於此處搭車。

　　至於在 T 字路口南側，東西向的本通是以天棚覆蓋的商店街，兩側聚集著廣島最熱鬧的店鋪，同時也是餐廳與居酒屋的一級戰區，往來人潮會熱鬧到半夜呢！

紙屋町設有天棚的商店街

EDION愛電王家電廣島本店
エディオン
由本地崛起知名家電量販品牌

✉ 広島県広島市中区紙屋町2-1-18　📞082-247-5111　🕐10:00～20:00　➡路電「紙屋町西」步行2分鐘　🕐60分鐘　http www.edion.com

　　在日本全境有擁有超過 1,600 家門市的「EDION 愛電王」，最初的發跡地就是在廣島的紙屋町，於戰後不久的 1947 年成立，當時稱為第一產業。

　　如今，位於紙屋町的 EDION 廣島本店，仍是廣島最具規模的大型家電量販店之一，2012 年開幕的新館樓高 11 層，從智慧型手機、美容健康家電、廚房調理家電、家庭劇院設備，乃至家用太陽能光電系統等都有展售。

　　想採購各種電氣用品的遊客，請別錯過造訪 EDION 廣島本店。門市當中也有會講中文的工作人員，外國顧客除了滿額能退稅之外，另享有7%的折扣優惠。

1 EDION 是由廣島起家的大型電器量販店　**2** EDION 在中國與四國地方具有強勢競爭力 (圖為松山的門市)

文化
資產

原爆圓頂館
原爆ドーム
世界文化遺產的原爆遺跡

☒ 広島県広島市中区大手町1-10 ⏰ 24小時開放
💲 免費參觀 ➡ 路電「原爆ドーム前」，徒步1分鐘
⏱ 20分鐘 http www.city.hiroshima.lg.jp/www/
dome/index.html ❓限於欄杆外憑弔

在各種關於「廣島原子彈」的介紹資料中，幾乎都少不了一棟有著圓頂外貌建築物的圖片，那就是廣島地標的「原爆圓頂館」。

它在戰前是作為「廣島縣產業獎勵館」使用，展示銷售廣島第一流的物產，建築本身也是地方上具有代表性的西洋風格作品，特地委託捷克建築師設計，於 1910 年落成。

原子彈引爆時，它距離爆炸核心的位置非常近，但仍保留了大部分的結構，也因此成為世人憑弔的對象。在許多戰後照片中，都可見到附近街區已被夷為平地，徒留圓頂孤獨存在的悲悽場景。

圓頂館在 1996 年獨自登錄為世界遺產，是

太平洋戰爭的代表遺跡。圓頂館的外圍以鐵欄杆保護，不能入內參觀。

圓頂館西側河流上的「相生橋」，由於 T 字形樣貌十分容易讓轟炸機辨認，因此被鎖定為原子彈瞄準的目標。而實際的引爆地點，則在圓頂館東側背後的巷弄，如今的「島內科醫院」正上方約 580 公尺處。該處也設置了 1 座紀念碑，許多造訪圓頂館的民眾也會特地到此順遊憑弔。

廣島市區的圓頂館，與宮島的嚴島神社為廣島縣的兩處世遺，且都鄰近水岸，有船舶往來兩地開闢「世遺航線」，讓遊客一次走訪兩處人類文明遺址。

1 圓頂館可說是「廣島原爆」最具代表性建築物 2 館圓頂館坐落於太田川的河道旁 3 圓頂館原為地方的產業獎勵 4 島內科醫院前設置的原爆位置紀念碑

和平紀念公園
平和記念公園
將原爆核心保留為紀念歷史遺址

✉ 広島県広島市中区中島町1 ☎ 082-245-0573
🕐 24小時開放 💲 免費參觀 ➡ 路電「原爆ドーム
前」, 徒步5分鐘 ⏱ 60分鐘 http www.city.hiroshi-
ma.lg.jp>ちづくり>公園・緑化・緑地保全>広島
市の公園・緑地>平和記念公園

廣島市中心由太田川與支流包圍的中島地
區，因鄰近原子彈爆炸的核心，除了獎勵館之
外幾乎都被摧毀。當局在戰後重建時，決定保
留該區域改建為大型公園廣場，以呼籲世人對
「和平」的重視。這塊開放空間就是現在的「和
平紀念公園」。

公園的規畫設計是以一條中軸線貫穿園內的
各區塊，從南端的和平之門起，依序有和平紀
念館與國際會議中心、廣島和平都市紀念碑、
和平之池、和平之燈，北邊隔著太田川筆直正
對圓頂遺跡。

每逢8月6日原子彈爆炸當日，皆會在和平
公園舉辦紀念活動，由首相親自出席，也常有
外國政要和使節參加。

1 原爆之子塑像紀念逝去的孩童 2 由中學生折紙鶴完成
的和平祈願作品 3 公園的中軸線會對向圓頂館 4 和平公
園的面積相當廣闊

廣島和平紀念資料館
広島平和記念資料館
讓後世瞭解和平無價珍貴之處

✉ 広島県広島市中区中島町1-2 ☎ 082-241-4004
🕐 08:30～17:00(夏季依月分調整延長), 閉館前30分鐘最後入館 💲 大人¥200, 高中生與65歲以上長者¥100, 中學生以下免費 ➡ 路電「袋町」, 徒步10分;「紙屋町西」, 徒步約15分鐘 ⏱ 90分鐘 http hpmmuseum.jp ⁉ 若有孩童同行, 部分展示畫面建議陪同說明

　　和平公園的核心位置,是1955年落成的「廣島和平紀念資料館」。

　　館舍建築分為本館、東館、西館3部分,以天橋相連。西館作為國際會議中心使用,展覽集中於本館和東館。展示內容重現戰前的廣島景觀,以照片與文字講解戰時的人民生活,與盟軍在廣島使用核子武器的決策過程。

　　攻擊日在1945年8月6日,是一個晴朗的早晨,市民原以為那是另一個尋常的炎熱夏天,但沒料到廣島將在當天化為人間煉獄。原子彈於08:15在空中引爆後,中心溫度達攝氏30萬度;衝擊波溫度約3,000～4,000度,風速每秒440公尺,這樣的風暴在自然界前所未見,更遠超過颱風的計算單位。

　　據戰後統計,整個廣島有超過14萬人喪生,

受輻射影響罹患各種疾病的居民更是不計其數。原爆中心方圓500公尺內的人們,90%立即或在當日死亡;另外5%在1個星期內失去性命。展示廳中有1頂鋼盔與1輛孩童三輪車,皆為實際受原爆衝擊的真品。

　　和平資料館每年約有150萬人次入館,其中包括20萬名外國參觀者,是外國人士拜訪日本時最常蒞臨的設施之一。

1 和平資料館在21世紀初進行大規模的整修 **2** 資料館告訴世人1945年8月6日那天, 與之後發生的事情 **3** 原爆後化為焦土的廣島 (紅色球體為原子彈在空中引爆的範圍) **4** 館內以模型重現原爆前的廣島

紙鶴塔
おりづるタワー
以和平紙鶴為主題的展望台

✉ 広島県広島市中区大手町一丁目2番1号 ☎ 082-569-6803 ⏰ 10月～隔年6月10:00～19:00、7～9月09:00～20:00。閉館前60分鐘最後入館 💰 大人￥1,700，高中、中學生￥900，小學生￥700，4歲以上￥500 ➡ 路電「原爆ドーム前」，徒步1分鐘 ⏱ 60分鐘 🌐 www.orizurutower.jp ❓ 攝影時禁止使用腳架

紀念公園旁的「紙鶴塔」是一棟複合式大樓，1樓有咖啡廳與物產館，2～11樓是商辦。遊客拜訪的重點為12樓的展示廳與13樓展望台「廣島之丘」（ひろしまの丘）。

展示廳介紹著廣島與圓頂館的過去，還利用互動科技讓遊客在電視牆前折超大型的虛擬紙鶴，需要動到全身每個部位才能把紙鶴折好，相當新奇。

館方也設置了折實體紙鶴的空間，完成的紙鶴可投入大樓外圍的「紙鶴牆」，這是一個從1樓挑空至12樓的垂直櫥窗，期待有朝一日能藉由全球參觀者的手與意念，讓紙鶴填滿櫥窗，呈現另一特殊創作。

展望台以木頭打造一個無邊際視覺的挑高空間，可俯瞰紀念公園、圓頂館、舊市民球場，與北端的廣島城等設施。傍晚夜幕低垂時登塔，可鑑賞市景慢慢點燈的景致，使此處成為另一個讓人靜下來沉思的空間！

如果不想搭電梯下樓，紙鶴塔設置了一處散步坡道，以迴旋方式讓參觀者可一路散步到底層，全程約450公尺。不想用走的，也可以藉由一旁的溜滑梯，一段一段溜回地面喔！

1 紙鶴塔的展示樓層有些許展示與互動設施 **2** 夜晚的紙鶴展望台也相當吸引人 **3** 紙鶴塔是複合式建築，中間樓層為出租辦公室

NUMAJI廣島市交通科學館
ヌマジ交通ミュージアム
認識海陸空交通的親子共遊館

✉広島県広島市安佐南区長楽寺2-12-2 ☎082-878-6211 ◷09:00～17:00(最後入館16:30)，週一休館 💲大人¥510，高中生以下或65歲以上長者¥250 ➡ASTRAM Line「長楽寺駅」，徒步4分鐘 ◷60分鐘 http www.vehicle.city.hiroshima.jp

廣島市郊的「NUMAJI廣島市交通科學館」，是一處讓大小朋友認識各種海、陸、空交通工具的場所。館內有超過兩件交通工具模型，其中最特別的是一架約5公尺長的波音747原型機模型。

這裡的鎮館之寶，是一輛經歷原子彈爆炸後，仍屹立不搖的654號「被爆電車」！

原子彈引爆時，廣電有大批工作人員傷亡，許多電車也損毀，無法繼續上線載客。製造於1942年的650型電車也受到衝擊，全車隊的5輛車皆受到輕重程度不一的破壞。其中651號車還保護了一位乘客倖免罹難，在戰後繼續存活超過半世紀。

5輛電車中的651號至654號較容易修復，於1946年3月起分別回到線上服務。654號電車持續服務到2006年6月才退休，同年8月贈予交通科學館靜態保存，成為博物館的珍貴典藏！

653號電車雖一度從車隊中退役，兩年多後決定恢復車籍，和651號與652號一起運用，前兩輛在平日尖峰時段仍有機會於街頭遇到。如今若有學校團體向廣電申請團體包車，也會優先以這3輛碩果僅存的被爆電車出任務。

此外，交通科學館坐落於ASTRAM Line車庫上方，雙方關係密切，也有許多關於ASTRAM Line的介紹。

1 交通館有龐大的廣電車隊模型 **2** 654號被爆電車(目前展示已修改塗裝) **3** 波音747原型機的模型 **4** 交通館是小孩子會格外喜歡的地方

馬自達博物館

マツダミュージアム
親眼見證車輛生產過程

📧 広島県広島市府中町新地3-1(集合位置) 📞
082-252-5050 🕐 定時導覽10:00(英語)、13:30(
日語) 💲 免費參觀 ➡ JR向洋站, 徒步5分鐘 ⏱ 導
覽全程1.5小時 🌐 www.mazda.com/ja/about/
museum ❓ 採事先預約制

　　日本五大車商之一的馬自達 (MAZDA, マツ
ダ) 創建於廣島，從1920年開始發展。他們
如今仍是廣島縣最重要的雇主，有多座占地遼
闊的工廠。單是鄰近市區的本社工廠面積就有
23平方公里，比台北市大安區加信義區的範圍
再大一些。

　　對馬自達或汽車工業有興趣的讀者，可透
過官網預約免費參觀馬自達博物館。館方每天
上、下午各安排1場導覽，上午場以英語解說，
全程約1.5小時。參觀者需跟著導覽步伐、不
能脫隊，不過導覽員也會給予充分時間，讓參
觀者在各展間瀏覽與拍照。

　　導覽報到處位於馬自達本社大廳，博物館
則坐落於本社廠區當中，得再搭一段館方交通
車。廠區內有自己的道路系統，還會經過一座
560公尺長、離河面約8層樓高的跨河大橋，
曾為日本最大的私有道路橋樑。

　　博物館介紹馬自達的發展歷程，並展示歷

代車輛，可從中感受日本職人對車藝技術的堅
持。各展間多能自由拍照，唯有一段行程會進
入實際的車輛生產線是禁拍範圍。參觀者可從
中見識汽車製造高度自動化、每個生產步驟精
細規畫的流程，對一般民眾來說
是非常難得的經驗，牛奶杰大
大推薦！

1️⃣參觀者可把握機會體驗乘
坐834式車款 2️⃣三輪汽車在
1960年代相當暢銷 3️⃣一般
人大概沒有機會識車輛的各
部分零件 4️⃣MAZDA第一
款上市的產品為三輪車

廣島東洋鯉魚隊／広島東洋カープ

深受市民認同的棒球隊

「廣島東洋鯉魚隊」是一支深受廣島民眾喜愛的職業棒球隊，甚至被認為是日本職棒中跟地方關係最密切的球團。

鯉魚隊創建於 1949 年底，正是廣島在原子彈攻擊後的重建階段，資源非常拮据，曾經歷由當地民眾集資認養的歷史。這個階段直到 1968 年松田家族入主鯉魚隊才結束。

松田家是 MAZDA 集團的擁有者，汽車公司當時名為「東洋工業株式會社」，鯉魚隊全稱隨之改為「廣島東洋鯉魚隊」至今。但 MAZDA 本身不介入球隊經營，讓球團公司獨立運作。

鯉魚隊過去在中央聯盟的成績長年處於後段班，但它從二戰重建過程就伴隨市民一起成長，獲得大家死忠的支持。蟄伏多年的球隊在 2016 年到 2018 年間，於中央聯盟創造了三連霸的佳績，持續奮戰的精神仍大大鼓舞了廣島球迷。

鯉魚隊的主場球賽門票熱賣，許多球迷會在年初就搶購主場年票，持續為球團加油。球隊的高人氣也帶動了周邊商品買氣，在市內各處不難找到販售店鋪，就如蔦屋家電當中都有跟電器完全無關的球隊商品專櫃呢！

1 球星代言的烏龍茶 **2** 球團設計了許多有趣的 T-恤，供球迷們選購 **3** 鯉魚隊的周邊商品琳瑯滿目，還有食品類的米果與咖啡等

MAZDA Zoom-Zoom 球場
Mazda Zoom-Zoom スタジアム広島
日本職棒廣島鯉魚隊的主場

✉ 広島県広島市南区南蟹屋2-3-1 ☎ 082-568-2777 ⏰
09:00～比賽結束後1小時 💲 球賽門票¥1,700(內野自由席)起
➡ JR廣島站, 徒步8分鐘 🌐 www.mazdastadium.jp

　這座球場是廣島鯉魚隊從 2008 年遷入的新家, 每年會舉辦近百場職棒賽事, 是廣受廣島居民喜愛的棒球場地。

　為吸引不同類型的民眾進場看球, 這座球場的座位類型非常多, 滿足球迷各種的需要。如果是一家大小出門, 或是跟老闆與客戶一起看球, 可以選擇在包廂或較為獨立的空間, 不受人打擾。

　場內有一處 BBQ 區域, 讓民眾可以邊看球邊烤肉, 十分愜意。由於過去曾有民眾自帶的食材產生太多煙霧, 讓其他球迷抱怨, 因此現在的食材都由官方提供, 民眾可以更省事。在外野看台甚至有一處可以讓民眾躺著看球的野餐區, 這種經驗也十分特別呢!

　此外, 因應近年的健身風潮, 球場也設立了 1 間一般民眾可以使用的健身房, 一整排跑步機前的落地窗, 就對著球場內部, 讓使用者可邊慢跑邊看球, 視野可能比許多風景名勝更吸引人呢!

　如此多元的環境, 希望讓民眾覺得到棒球場不僅是「看球」這麼單一的娛樂, 而是一個全家人或親友都能一同相

1 2 爸媽看球, 小朋友也有很多樂趣 **3** 球團經營有成, 在 Zoom-Zoom 球場比賽滿場已為常態 **4** 在第七局施放氣球, 是鯉魚隊球迷帶起的傳統

聚放鬆身心、充滿歡笑的場所。如此思維，讓鯉魚隊儘管過去戰績不盡理想，卻依然獲得廣島居民們的強力奧援。

更有趣的是，在球場外頭有一處小小的空間，可以直接從場外看到場內動態，雖然其視野範圍是外野底層比較受限，但感受到的球場熱力不減。該空間讓剛下班來不及進球場關心實況的民眾，也能有能親身參與球賽的機會。無論進場與否，大家同心為鯉魚隊加油的意念是一致的！

如果想進場觀賽的讀者，可事先透過鯉魚隊的官網預訂門票（外國人也能免費註冊），多種型態的座席多半可直接選擇。抵達現場時，直接到領票的專用窗口，只要提供訂票資料即可取票。

鯉魚隊近年的比賽成績不俗，連帶使得票房成績也相當亮眼，如果是週末假日的比賽幾乎都會售罄，現場購票留下的餘位很可能是來訪客隊專屬的區域喔！

球場本身也有導覽行程，包括比賽日的「標準行程」（スタンダードコース）大人¥1,000，60 分鐘；或非比賽日的「幕後行程」（バックヤードコース）與「地面行程」（グラウンドコース），兩種皆為 ¥1,500，80 分鐘等，細節可由官網查詢。

1 躺著看球也是種特別享受 **2** 蓋在外野看台上的健身房

紅色LAWSON
赤ローソン
在地限定的紅色門市

📧 広島県広島市南区東荒神町 1-3(ローソン広島東荒神町店) 📞082-568-0506 🕐24小時開放 ➡JR廣島站，徒步4分鐘 ⏱10分鐘 http www.e-map.ne.jp/p/lawson/dtl/193306

MAZDA球場附近有兩間LAWSON便利商店，外觀從平時企業識別系統的藍色與白色，換上鯉魚隊的紅色，成為「紅色LAWSON」。在全日本約 14,000 家 LAWSON 當中，這兩間門市獨樹一格，對便利商店迷而言是則是很罕見的特別店鋪喔！

店裡除了販售一般常見的商品，也格外增加了球團認證商品的櫃位，可以買到鯉魚隊的周邊紀念品。如果接近比賽時段，更會大幅增加飲料與熱食的進貨量，滿足球迷們的需求。

球場邊的便利商店也會販售許多周邊商品

廣島市民球場舊址
旧広島市民球場
奠定鯉魚隊與市民深厚關係之處

☒ 広島県広島市中区基町5-25　◷ 24小時開放
➡ 路電「原爆ドーム前」，徒步1分鐘　◔ 10分鐘

　　「市民球場」一詞看似很平凡的詞彙，但在日本職棒界如果沒有特別標注，一般都是指鯉魚隊於1957～2008年使用的「廣島市民球場」，位置就在紙屋町與圓頂館附近。

　　鯉魚隊在1950年草創時環境不佳，球場條件也低於水準，地方政商合力興建市民球場，於1957年2月開工，5個月後便趕工完成第一階段的計畫，開始球場與市民休戚與共半個世紀的歲月。鯉魚隊於2008年搬進MAZDA球場後，新家亦稱為第二代的市民球場。

　　舊市民球場雖然已拆除，但在球場外圍的人行道上，仍然保有幾座和鯉魚隊有關的紀念碑。其中包括鯉魚隊在1980年代鐵人選手衣笠祥雄的紀念碑(他曾締造過連續出賽2,215場的世界紀錄)，以及鯉魚隊歷次奪下央聯冠軍的紀念碑。

1 衣笠祥雄曾連續出賽超過2,215場 2 從紙鶴塔俯瞰的舊球場仍保有既有的輪廓 3 市民球場的優勝紀念碑刻滿後，在2018年樹立了第二座 4 在原爆圓頂館旁的舊市民球場已功成身退

吳市

如今在世界地圖上，可能不太容易找到「吳」的位置；它在日本本身的地圖上，也稱不上是一座大城，但從明治時期的日本帝國海軍階段開始，到現在的海上自衛隊，吳都是日本海上兵力最重要的軍港。

位於瀨戶內海旁的吳港，由於地形優越成為天然良港，周遭水域又相當平穩，因此早在戰國時代的村上水軍就以其作為港口。明治政府更決定在此設立軍港與鎮守府(過去日本海軍的據點單位以及負責艦隊後勤的機構)，奠定其近代發展契機。

太平洋戰爭期間，為了集結軍需生產力，更讓吳一度擠進為人口前十名的大城市。日本大名鼎鼎的「大和號」超級戰艦，就是從這裡誕生的。時至今日，吳市仍然是日本國防與造船工業重鎮，人口約有 22 萬名，為廣島縣第三大地方自治體。

前往這座軍事與船舶之都，遊客們不妨從歷史角度出發，瞭解吳市的背景故事，再進一步感受日本作為亞洲大陸邊陲的島嶼國家，與海洋密不可分的關係！

吳市地圖

1 吳港的周圍由山丘環繞 **2** 吳的海邊有許多港埠與軍事設施

吳市交通

JR

　要前往吳市，可由 JR 廣島站搭乘 JR 吳線的電車，於 JR 吳站下車即可。

車種	普通列車	安藝路 Liner 快速列車 (安芸路ライナー)
車程	約 50 分鐘	約 33 分鐘
車資	¥500 (兒童半價)	
發車時段	05:42 ～ 00:11	09:30 ～ 19:30
備註		每 30 分鐘發 1 班車

(＊資訊時有異動，請依官方公告為準)

　另外，特別提醒行程結束後、要從吳搭火車返回廣島的遊客。JR 吳線上另有一座單名為「廣」(広) 的車站，位於吳站的東邊。「往廣島」跟「往廣」是完全不同方向的列車，請留意不要搭錯囉！

1 2 吳站是 JR 吳線的代表車站 3 綠色塗裝的廣電巴士 4 從車站的大和號博物館與中央棧橋等處有天橋相連

徒步、單車

　吳市的市中心範圍不大，由車站聯絡海事歷史科學館、自衛隊吳史料館、中央棧橋等處，可從車站經空中廊道聯結，步行前往相當方便。JR 吳站有提供租借單車的「Ekirin Kun」服務，可於 08:00 ～ 20:00 間用車。

巴士

　若要前往離車站較遠的地方總監部、入船山紀念館或音戶渡輪等處，則建議於站前左側的 3 號站牌搭廣電巴士。

車資支付：PASPY 或 ICOCA
1 日券：¥500
購票方式：於「觀光情報廣場」(くれ觀光情報プラザ) 或吳站出口右前方的阪急飯店發售，巴士車內未販售

吳市海事歷史科學館
超級戰艦「大和號」坐鎮指揮

✉ 広島県呉市宝町5番20号 ☎ 0823-25-3017 ⏰ 09:00～18:00(最後入館17:30) 💲 大人¥500, 高中生¥300, 中學生以下¥200 ➡ JR吳站, 徒步5分鐘 ⏱ 90分鐘 🌐 yamato-museum.com

提起吳港, 就不能不提「大和號」。大和號為日本在第二次世界大戰時間建造的超級戰艦, 排水量達 72,000 噸, 為當時全球最大的軍艦。雖然她在二戰末期沉沒了, 但始終是日本海軍的象徵。

大和號的誕生地點是「吳海軍工廠」, 後人遂在吳成立「吳市海事歷史科學館」, 於 2005 年揭幕, 鎮館之寶是大廳展示著 1:10 的大和號模型。實際的大和號全長為 263 公尺, 十分之一的模型也有 26.3 公尺, 長度勝過一節新幹線的車廂, 相當壯觀。

儘管科學館的策展主題為吳港在戰前與戰後的卓越造船技術, 館內展示也包含二戰期間的零式戰機、有「人間魚雷」之稱的自殺兵器回天, 以及其他船隻的歷史文物。但由於大和號的魅力實在太大, 因此科學館還有一個暱稱是「大和號博物館」(大和ミュージアム)。

有趣的是, 大和號作為一代軍艦, 當時在船上的設備也相當先進。船上甚至有汽水機與冰淇淋生產設備, 可為艦上官兵們提供一些福利。本地的汽水廠, 如今還生產了大和號名號的彈珠汽水, 很受歡迎!

在科學館後方的港濱公園, 以 1:1 的原始比例, 在地面畫出大和號船首甲板的模樣, 讓民眾可以在公園中感受戰艦的實際規模。

1 科學館後方的碼頭 **2** 科學館旁的公園, 模擬了大和號艦首的實際規模 **3** 由大和號衍生出的彈珠汽水 **4** 大比例模型為科學館的重要典藏 **5** 單就造艦工藝而言, 大和號可算是人類航海能力的一項成就

海上自衛隊吳史料館
因潛水艇展示而有「鐵鯨館」之稱

☒ 広島県呉市宝町5番32号 ☎ 0823-25-3017 ⏰ 09:00～17:00(最後入館16:30) 💲 免費參觀 ➡ JR吳站，徒步5分鐘 ⏱ 60分鐘 http www.jmsdf-kure-museum.go.jp

在吳市海事歷史科學館的正對面，有另一座關係密切的博物館，歸海上自衛隊所有，稱為「海上自衛隊吳史料館」。史料館陳列在戶外的鎮館之寶，讓人不注意也難！

這裡有一艘從自衛隊退役的「秋潮號」(あきしお)潛水艇，因此也讓本館獲得「鐵鯨館」(てつのくじら館)的小名。秋潮號為夕潮級潛水艇的第七艘姊妹船，從1986年加入海上自衛隊服役，至2004年正式退役，並於2006年花了3天的時間搬到目前的位置，鐵鯨館遂於隔年正式開幕。

海上自衛隊為了持續爭取日本民眾的認同，並兼作招募官兵的功效，因此在吳港、九州的佐世保港，以及鹿屋航空基地設有史料館。展示內容包括海上自衛隊的發展過程，各港口與航空基地的歷史，以及自衛隊的衛國貢獻等。

其中當然也少不了各式退役武器的展示。在佐世保的史料館以水面護衛艦為主，鹿屋航空基地自然就是海上自衛隊的空中戰力，而鐵鯨館就以潛水艇與魚雷為主題。因此，除了超大型的潛水艇外，在室內空間也有潛水艇的模擬船艙與魚雷模型、掃雷設備，以及各式偵搜裝備的展示。

對於現代船艦有興趣的遊客，千萬別錯過能親身進入真實潛水艇的機會喔！

1 史料館的展示讓民眾對自衛隊有更多認識 **2** 浮上陸地的潛水艇讓史料館有「鐵鯨館」的別稱

吳船艦之旅
吳艦船めぐり
港內船艦任你參觀拍照

広島県呉市宝町4-44(出發地點:中央棧橋) 082-251-4354 10:00～14:0, 週二公休 大人¥1,300, 兒童¥600 JR吳站, 徒步5分鐘 30分鐘 kure-kansen.com 海象欠佳時無法出航

吳港雖然是日本海上自衛隊的重要軍港,但並不介意人們拍照記錄。更有業者開闢了在港內搭觀光船四處打探軍情的「吳船艦之旅」行程,讓有興趣的遊客一次拍個夠!

吳船艦之旅從大和號博物館旁的中央棧橋出發,平日的星期三～五會有兩趟船班,週末假日 10:00 ～ 14:00,每逢整點發 1 班船。每次巡遊的時間約莫為 30 分鐘,從中央棧橋出發航經停靠潛水艇的碼頭後再回到原點。牛奶杰原本以為這類行程的參加者,會以男性軍武迷為多,但現場其實是男女老幼都有。

牛奶杰所搭的觀光船可以搭載 100 位遊客,有室內船艙與戶外的空間,不過當天幾乎所有人都在戶外的甲板,如果太晚上船,就沒有靠船舷的位子好拍照囉!

觀光船在軍港內航行,由退休的自衛隊軍官賣力講解,整趟 30 分鐘的過程中,解說都沒有停下來過。雖然聽不懂日語,但能感受介紹者非常有熱情與專業知識。

來吳港看海上自衛隊的護衛艦,目前最受人矚目的焦點就是現役排水量最大的直升機護衛艦「加賀號」(かが, DDH-184)。加賀號平時就以吳為母港,週末假日如果沒有特殊的訓練和任務,民眾搭乘觀光船就很有機會能見到加賀號的身影。

1 近距離接觸貨櫃輪的大魄力 **2** 天氣良好的假日,遊覽船生意相當好 **3** 遊覽船會在軍港中穿梭

史蹟
名勝

吳地方總監部
是軍事要地也是歷史古蹟

✉ 広島県吳市幸町8-1 📞0823-22-5511 🕐週日
10:30～11:30與13:00～14:00 💲免費參觀 ➡路
線巴士「総監部前」，徒步1分鐘 🕐60分鐘 http
www.mod.go.jp/msdf/kure ❓想參觀地方總監
部，最遲需在蒞臨10天之前傳真報名，外國人也可
申請。參觀過程需跟著導覽隊伍，不能自行脫隊

明治時代建立帝國海軍後，在橫須賀、吳、
佐世保與舞鶴等4地陸續成立了鎮守府，作為
統籌規畫該戰區作戰防衛任務的單位，並且以
鄰近的港口作為重要基地。其指揮官稱為司令
長官。

各鎮守府在二戰後瓦解，不過到了1954年
海上自衛隊成立後，又重新建立組織，改稱為
「地方總監部」。因此，「吳地方總監部」就
相當於吳最重要的指揮基地了！

吳地方總監部的紅磚廳舍落成於1907年，
繼承鎮守府的廳舍繼續使用，已是超過110歲
的老古蹟了。它在戰爭期間曾被轟炸損壞屋
頂，直到2000年才修復圓頂恢復現狀。順帶
一提，戰敗之後，這裡曾由美軍、英軍和澳大
利亞等多國部隊進駐使用。

在廳舍背面的山丘底下，藏有1座地下作戰
室，裡面共有12個房間，洞窟最高處足足有6
公尺，空間不像想像中侷促。

儘管這裡仍是現役的軍事設施，但海上自衛
隊仍會在沒有戰備任務或特殊勤務的禮拜天，
開放地方總監部供民眾入內參觀，以親民方式
讓社會大眾對自衛隊有更多了解。離總監部約
2公里的碼頭，也會輪值安排護衛艦開放民眾
登船參觀。

1為了防空因素興建了大型的地下指揮設施 2地方總監部的建築物由明治時代使用至今 3地下作戰室的內部並非想像
中狹窄 4地方總監部是現役設施，遊客參觀需先進行預約

海上自衛隊第一術科學校
軍事迷與歷史迷千萬別錯過

✉ 広島県江田島市江田島町国有無番地　☎ 0823-42-1211#2016　🕙 10:00～16:30(平日3梯次、週末假日4梯次導覽)　💲 免費參觀　➡ 搭渡輪至江田島小用港轉路線巴士至「術科學校前」，徒步1分鐘　⏱ 90分鐘　http www.mod.go.jp/msdf/onemss/kengaku　⁉ 需跟著導覽隊伍，不能脫隊或中途離開

江田島的「海上自衛隊第一術科學校」，前身是「海軍兵學校」，相當於我國的海軍官校。這裡從明治時代就是培育日本海上官兵的搖籃。

　　遊客每天都能入校參觀，個人參訪不需報名，該導覽行程在 TripAdviser 的調查中曾深獲好評。牛奶杰取材時正好碰上第500萬名遊客到訪，在大講堂辦了1個簡單隆重的儀式。

　　參觀者會先在導覽大廳集合，進行初步介紹。如果在集合時間前就早早抵達者，也可先逛逛一旁的紀念品店。導覽全程為1.5小時，過程規定不能脫隊。

　　隊伍第一站先前往每年舉辦畢業典禮的大講堂，接著經過「幹部候補生學校」門前，該紅磚建築為學校核心，落成於遷校至此的明治時代。行程重點則為介紹海軍與自衛隊脈絡的「教育資料館」，這裡還典藏了海軍元帥山本五十六的遺髮。

教育資料館外保存了「雪風號」驅逐艦的船錨，該艦在二戰期多次參與前線任務卻幾乎沒有損傷，戰後加入我國海軍更名「丹陽號」，更曾擔任海軍旗艦。丹陽艦退役後，海軍將船錨與舵輪交還日本，保存於江田島。她的船錨被視為好運的象徵，同行參觀的日本人紛紛伸手摸幾下船錨，希望能多沾點好運氣。

1 雪風號曾在我國海軍服役將近 20 年 2 迎接第 500 萬名參觀者，當地媒體亦應邀報導 3 許多影視作品也會前往術科學校取景 4 從吳往來江田島得搭一段渡輪 5 江田島是日本海上武官的搖籃

豆知識

《謝謝你，在世界的角落找到我》／この世界の片隅に

日本 2016 年底上映的動畫長片《謝謝你，在世界的角落找到我》，是一齣富有傳奇的作品！

故事劇情描述出生於廣島的女主角，嫁到熟悉又陌生的吳，並在此和先生與家人們一同經歷了二戰期間的生活。儘管劇情與人物設定帶有淚水，但堅強的生命力與積極人生觀，仍為觀眾帶來滿滿正能量。

電影由片淵須直（片渕須直）擔任導演與編劇，企劃案未受到大型電影公司注意，而是透過網路募資的方式籌措製作資金，於兩個半月期間獲得日幣 3,622 萬元投資。製作完成後起初也只獲得在全日本 63 間戲院公映的機會。

不過作品發表後獲得各界一致盛讚，好評透過網路迅速蔓延，讓傳統主流媒體跟進報導，部分戲院甚至得賣站票來因應。截至本書截稿時，《謝》片仍在日本院線放映（已持續滿 2 年），超過 400 間戲院輪播，累計票房達到日幣 2.7 億元，同時也拿下多座海內外的電影獎項肯定。

透過《謝》的故事，也能讓讀者更加熟悉吳市的歷史與現地風貌，尤其製作團隊對街景與城市景觀有下過苦心，許多片中背景都能找到實際對應的位置，更增添了作品的感動。

1 《謝》也成為地方限定扭蛋的設計題材 2 原本不被看好的《謝》，創下了票房佳績

入船山紀念館

入船山記念館
和洋混搭的原司令官廳舍

✉ 広島県呉市幸町4-6 ☎ 0823-21-1037 ⏰ 09:00～17:00，週二休館 💲大人¥250、高中生¥150、中小學生¥100 ➡ 路線巴士「入船山公園」，或「眼鏡橋」徒步3分鐘 ⏱ 30分鐘 http irifuneyama.com

「入船山紀念館」為當時日本海軍吳鎮守府司令長官的官舍，目前建築完成於1905年，正是日俄戰爭進行期間。

建築物本身採取和洋混搭的設計風格，正面立面與接待空間走英國都鐸風，和東京的JR原宿站精髓相同，但繞到背面的起居空間，就是傳統的和式風貌。這點也反映了日本在明治維新期間的現代化過程中，對於融合兩種文化的嘗試與過度性。

當時日本帝國海軍與英國皇家海軍有同盟關係，彼此也會派員交流，這棟長官廳舍走英國風相當合理。太平洋戰爭後，吳港由英軍負責接收，入船山紀念館在1955年之前由英軍管理，或許不全然是巧合。

不過，館內的金唐紙壁紙在英占領期間，依實用因素被塗上白色油漆加以覆蓋，遭到破壞，交還後才嘗試進行修復。遊客如今到訪紀念館，還可參加製作金唐紙的體驗。

館內空間沒有太多複雜的展示，以歷代司令官的圖像為主，盡量保持原有的風貌。餐廳長桌上的模型展示了當時的海軍料理，也讓民眾對於大時代的飲食文化有多一層認識。

紀念館外的火藥庫、哨所、鐘塔等建物，也跟往昔的海軍設施有關。周圍的入船山公園如今是居民休閒運動的場所，過去亦為海軍的練兵場。

1 庭院中的鐘塔，原建於海軍工廠 2 紀念館背面則是傳統的和式設計 3 鎮首府長官廳舍的接待空間

歷史之見丘
歷史の見える丘
從山丘眺望點見吳港的過去

1

📧 広島県吳市宮原5丁目 📞 0823-25-3309(吳市觀光振興課) 🕐 24小時開放 💲 免費參觀 ➡️ 路線巴士「子規句碑前」，徒步1分鐘 ⏱ 15分鐘 http www.city.kure.lg.jp/soshiki/67/m000050.html ⁉️ 從吳地方總監部門口可步行到歷史之見丘，但這一段的馬路僅靠山側設有人行道

　　從吳地方總監部往音戶之瀨戶途中，路線巴士會爬上一座山坡旁的高架橋，此處是稱為「歷史之見丘」的制高點。

　　這裡有座人行天橋橫跨著大馬路，遊客可以從天橋尾端，眺望造船廠內的一舉一動，左側有棟大型有屋頂的船塢，就是當年建造大和號的地點。

　　該船塢目前屬於IHI造船公司所有，是日本最大造船業者JMU的子公司，不過它在二戰時屬於吳海軍工廠。除了大和號外，曾擔任聯合艦隊旗艦的長門號戰艦，以及海軍航空戰力象徵的赤城號航空母艦，都是由此誕生。

　　在動畫電影《謝謝你，在世界的角落找到我》有一幕，是人們搭火車進出吳的時候，會有憲兵要求列車的所有窗戶必須遮起來，這有

一部分就是希望避免民眾打探到任何好關於大和號的消息(即便大多數人知道「大和號」其實是戰後的事了)。

　　然而，時空背景不同，如今的歷史見之丘已成為一處觀光景點，是讓人們了解船隻建造之處。這裡同時還設有大和號紀念碑、海軍工廠紀念碑，以及正岡子規的俳句碑等多座紀念設施，巴士站牌遂稱為「子規句碑前」。

1 見證吳港歷史演變的歷史見之丘 2 大和號紀念塔 3 昔日的海軍工廠至今仍在建造新的民用船舶

3

音戶渡輪與音戶大橋
號稱日本航行最短的定期渡輪

✉ 広島県吳市警固屋 ☎ 0823-25-3239 ⏰ 05:30～21:00 💲 大人¥100(兒童半價) 🚌 路線巴士「音戶渡船口」或「音戶」⏱ 10分鐘 http www.city.kure.lg.jp/soshiki/67/m000013.html ❓ 有不開航的可能,前往參觀前請於官網或至電確認

在吳市區南端與倉橋島之間,有一道音戶海峽,稱為「音戶之瀨戶」(音戶の瀨戶),海峽最窄之處只有不到90公尺。

此處是由廣島與吳港要進出瀨戶內海的捷徑,許多船隻都會通過這條設定範圍僅約60公尺寬的航道。別看海峽看似穩定,附近水域的海流方向一天內會變動好幾次,若非老經驗的船家可不敢輕易嘗試。

「音戶」之名據說源自於「隱渡」的轉音,意指這附近早年乾朝時會浮出一道約90公分寬的沙洲,可讓人們徒步渡海,但確切位置只有在地人有把握,因此稱為「隱渡」。不過國交省現今會確保航路在乾潮時仍有至少5公尺水深,人們絕對沒辦法步行渡海囉!

這裡從江戶時代就有渡輪航行,如今仍是日本定期航行距離最短的渡輪(120公尺),約2分鐘可抵達彼岸。在二戰結束初期,渡輪每天要渡海250趟,搭載7,000人次與2,000輛車過海。

如今隨著兩旁的「音戶大橋」與「第二音戶大橋」開通,仰賴渡輪者已非常稀少,渡輪則由吳市提供補助設法維持。

第二音戶大橋的橋面離海約有39公尺高,北側設有人行步道,在橋上的視野非常好,徒步過海的經驗相當刺激呢!

1 音戶渡船號稱日本最短的定期航路 **2** 這裡的海峽寬度約莫只有100公尺 **3** 音戶大橋通車取代了渡輪的多數功能

鳶島海道之旅

安藝灘鳶島海道 (飛島海道)
安芸灘とびしま海道
像鳶鳥一樣在空中越過海峽

➡由「廣島巴士中心」(広島バスセンター) 有巴士經JR吳站前往御手洗，每天4趟往返。JR仁方站前往來御手洗的巴士則有11趟往返 (週末假日10趟) ⏱6小時 🌐www.hiroshima-kankou.com/feature/island/tobishima

在瀨戶內海有一條大名鼎鼎的島波海道，從本州的四國以6座大橋串起海中島嶼，通達四國的今治，形成1座跨海長廊，是唯一可以騎腳踏車往來本州與四國的路徑，近年受到許多海內外單車騎士喜愛 (詳見 P.196)。

不過在廣島一帶除了名氣響亮的島波海道外，其實還有另一條較為低調的「安藝灘鳶島海道」(又稱為飛島海道)，也很值得探訪。

有別於南北向的島波海道，鳶島海道為東西向，從吳市的川尻地區出發 (最近的火車站為JR仁方站)，以7座大橋連結下蒲刈島、上蒲刈島、豐島、大崎下島，最終抵達岡村島，沿途約35公里。

許多挑戰過島波海道的自行車勇士，也會把握機會騎騁鳶島海道，一連造訪瀨戶內海的兩條單車路徑。從岡村島到島波海道途經的大三島已相當接近，可惜沒有橋樑連結，不然就能構成更多元變化的海上單車路網囉，但有定期航行的渡輪可搭乘，往來交通是不成問題的。

1 **2** 鳶島海道全程會經過 7 座不同形式的跨海大橋

御手洗港
江戶時代風光一時的港埠

文化資產

✉ 広島県呉市豊町御手洗65番(資訊皆為呉市豊町観光協會之資訊) 📞0823-67-2278 🕐09:00～16:30, 週二公休 🚌巴士至「御手洗港」下車,徒步1分鐘 🕐3小時 http www.yutaka-kanko.jp

　　鳶島海道儘管沿途的觀光亮點較少,但樸實的鄉村與島嶼風貌,也相當吸引人。大崎下島東側的御手洗港,擁有一處在地知名的老聚落,而且遊客較少,喜歡遠離喧鬧觀光區的玩家,很適合來此走走。這裡有股彷彿能讓時間停滯的魔力。

　　「御手洗港」在江戶時代的北前船階段就已相當發達,如今以「豐町御手洗」之名認定為日本遺產。

　　幕府末期在動盪時代中落難的朝廷七卿,在逃亡過程中除了鞆之浦外(詳 P.204),也曾在御手洗港登岸停留。可惜當時的老屋現在已不開放,無法讓世人窺探一個半世紀前的歷史舞台風貌。

　　江戶時代日本知名的地圖測繪家伊能忠敬,曾在第五次大規模測繪行動中,於1806年初前來御手洗港調查,並在街上的旅宿「紫屋」落腳。如今的紫屋便將一座倉庫作為這段史蹟的展示室,向世人介紹當時以手工測繪地圖的方法。

　　將近100年後,御手洗還誕生過一位非常前衛的日本探險家。「騎自行車環遊世界」在現今社會雖然不再被視為不可思議,但對一般人而言仍是遙不可及的事。而御手洗出身的在地青年中村春吉,曾在1902年出發,藉由單車展開「世界一周無錢旅行」的壯遊,並於隔年成功返回日本。

　　報章媒體將中村封為「五賃將軍」,以示他不懼困難,面對汽車賃(在此指火車)、船賃、宿賃、家賃與地賃等旅費問題都可迎刃而解的勇氣和智慧。今日有心挑戰鳶島海道的騎士們,也算是向五賃將軍致敬吧!

　　玩家要造訪御手洗，可從廣島或JR吳線的仁方站前搭乘路線巴士，從仁方到御手洗港約需1.5小時，車資¥1,100（兒童半價）。巴士會繞行沿途各島嶼的主要港口，因此路線會略為迂迴。另外特別提醒，大崎下島往來岡村島間暫無巴士行駛。

　　附帶一提，「御手洗」的漢字在日文有兩種主要唸法，地面與姓氏的御手洗為「みたらい」(Mitarai)，但如果唸為「おてあらい」(Otearai)則有「洗手間」的意思。不過御手洗港的居民似乎不以為意，還以此處的遊客中心有「御手洗中的御手洗」自嘲呢！

■1 富有歷史的新光時計店，號稱任何鐘錶都有辦法修 ■2 傳統劇場「乙女座」的觀眾席，鋪上滿滿的榻榻米 ■3 想要遠離塵囂的讀者，很適合來御手洗走走 ■4 日文中的御手洗，在地名與姓氏之外還有其他意思 ■5 御手洗是鳶島海道途中的主要聚落，閒逸緩慢的氣氛特別吸引人 ■6 御手洗港在北前船時代，就是瀨戶內海的重要港口 ■7 老街區的御手洗昭和館，保留了昭和時代的氣息

竹原老街
以傳統釀酒、曬鹽與醬油聞名

電影場景

✉ 広島県竹原市中央一丁目1番10号(資訊皆為竹原市観光協会) ☎ 0846-22-4331 ⏰ 08:30～17:00 ➡ JR竹原站下車,徒步15分鐘;或藝陽巴士「新港橋」站牌下車,徒步5分鐘 ⏱ 90分鐘 http www.takeharakankou.jp

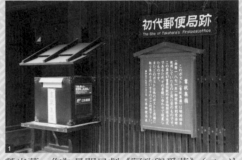

「竹原」是JR吳線途中的主要城鎮之一,市內人口約有2.5萬名。這裡以作為「安藝小京都」馳名。老街區域離火車站約莫還有900公尺的距離,如果是搭路線巴士往來者,可在「新港橋」站牌下車,離老街的入口會更近些。

竹原本地以生產食鹽、釀造傳統日本酒及醬油而聞名,海運又相當便利,在江戶時代就有非常熱鬧的街市。尤其是鹽與酒,是具有全國知名度的商品,受到江戶百姓喜愛。

遊客踏進老街前,入口的路旁有棟醒目的「日之丸寫真館」,牆面上保留的店招採用古典又摩登的字型,在當年想必是非常時髦的設計吧!

被封為「日本威士忌之父」的竹鶴政孝,便是出身自竹原。

竹鶴的老家「竹鶴酒造」正是本地知名的釀酒商之一。竹鶴政孝在20世紀初發跡與投身鑽研威士忌釀造技術的故事,曾被NHK搬上螢光幕,作為晨間日劇《阿政與愛莉》(マッサン)的題材。

牛奶杰取材時,竹鶴酒造的老屋與周邊範圍正進行電影《吟ずる者たち》的拍攝作業,題材同樣與傳統酒業有關。

如今來到遊客不多的「竹原老街」,散步在地面鋪著石板的小徑上,回想當年的樣貌,很有氣氛。老街中段有一處小廣場,隔壁是本地最初的郵局遺跡。

此處設置了一座1870年代、也就是郵便制度在明治時期剛萌芽階段的「書狀集箱」(郵筒)。別以為這座老郵筒只是裝飾品，竹原郵便局(竹原郵局)每天都會定時派人來收信，讓該郵筒維持著為民眾服務的功能。

舊郵局遺跡旁的巷子，通往一處約10公尺高的石階，頂端為「西方寺」。這裡是將竹原老街景觀盡收眼底的眺望點，從高處看著縱橫交錯的屋瓦緊密排列，相當有趣。

街上盡立一棟淡綠色的西式洋樓，由周遭的和式老屋環抱，相當醒目。該建物曾為本地的圖書館，現作為竹原的歷史民俗資料館使用，向後世介紹庶民的生活史。老街尾巴的龍頭山照蓮寺，寺內銅鐘已列為國家重要文化財，為具有代表性的古物。

竹原港和御手洗港之間也有船班往來，不過御手洗港的碼頭只有早晚幾班渡船會停靠，船隻其餘時間會停靠附近的大長港，離御手洗約莫還有1公里，讀者可慢慢散步或轉搭路線巴士前往御手洗的村落。

1 明治時代的書狀集箱，現在依然可以寄信 **2** 除了JR吳線，藝陽巴士也是讀者遊玩時的好幫手 **3** 西方寺是能飽覽竹原老街全景的至高點 **4** 竹原街上的店家不多，在「青Café」可以坐坐或享用午餐 **5** 竹原老街保留著傳統景觀 **6** 散步在遊客不多石板小徑，遙想城鎮過去的風貌 **7** 鹽巴曾是竹原當地的重要物產

大久野島(兔島)
被900隻兔子簇擁歡迎的島嶼

✉ 広島県竹原市忠海町大久野島 ☎ 846-26-0321(度假村) ➡ 由忠海港搭船至島上 🕐 60分鐘 http www.qkamura.or.jp (度假村)

瀬戶內海的「大久野島」上，兔群估計約有900隻，以「兔島」著稱。而且兔子們一旦發現有人登島，就會從四處自動往碼頭靠近，相當可愛。

大久野島的面積不大，遊客登島後多在碼頭與遊客中心附近徒步遊覽，一般車輛禁止通行。若想省點力氣，也可考慮搭度假村業者的免費接駁巴士。

往來忠海港到大久野島的渡輪航行僅需 15 分鐘；週末假日另有船班從三原港直接前往大久野島。大久野島有兩處碼頭(1 號與 2 號棧橋)，相距約 550 公尺，晨昏外以多使用 2 號棧橋，讀者返程時請務必留意是在哪候船喔！

大久野島如今雖然以可愛的兔子聞名，但它過去卻為軍事要地。在 1900 年前後的甲午戰爭與日俄戰爭期間，該島是衛戍周邊海域的要塞，建有多處砲台抵禦敵艦。

在太平洋戰爭期間，這裡更存在日本境內唯一的毒氣兵工廠，有段時間不見於官方地圖上，是從水平面消失的祕密島嶼。如今從渡輪遠眺大久野島時，還可見到許多陳舊的水泥設施痕跡，見證此島不凡的歲月。島上的「毒氣資料館」介紹著這些歷史。

1 島上的900隻兔子，令此處以「兔島」聲名大噪(圖片提供／柯良蓁) 2 毒氣資料館記敘著大久野島另一面的歷史 3 遊客中心外模仿兔子的大耳朵，彷彿可以聽到遠方的聲音 4 大久野島有兩處棧橋，請務必留意 5 軍官用的防空洞，見證著大久野島過去歷史的遺跡

⛩ 忠海港
前往大久野島的玄關口岸

✉ 広島県竹原市忠海中町1-2-1 📞 0846-26-0853 🕐 07:00～19:45，年中無休 ➡ JR忠海站步行4分鐘 ⏱ 30分鐘 🌐 rabbit-island.info

JR吳線的忠海站作為大久野島的玄關口，吸引著不少遊客下車。車站附近的便利商店，也會販售兔子喜歡飼料與高麗菜，讀者可在此採購帶上小島，讓兔子們飽餐一頓。

事實上，JR吳線曾在2018年夏天因豪雨沖毀路基而暫停營業，無論從廣島端或三原端，都沒辦法搭火車進出忠海，只能以代行巴士載客，經忠海前往大久野島的遊客人數為此驟減。相關單位在那段期間祭出「飼料大放送」措施，登島者均可免費領取飼料餵兔子，解決島上兔子的飢荒問題。

遊客踏出忠海站後，右轉再右轉經過一座平交道，便可抵達候船處。這裡有間以黑色為設計主軸的店鋪，內有船票售票處與商店，並販售許多和兔子有關的紀念品。讀者們也可以在此點杯咖啡候船，享受悠閒氣氛。

碼頭附近有棟吸引人的藍白色建築物「AOHATA JAM DECK」，是座果醬觀光工廠，本業創始至今已將近90年。另外，火車站本身亦為在地居民的閱覽室，有許多書籍供大人和小朋友閱讀。如果等船與等車時間太久，不妨在此翻翻故事繪本吧！

1 忠海港的候船處，有精品店般的外觀 2 候船處也有販售兔子飼料與相關商品 3 等船時喝杯咖啡，也是很棒的享受 4 圓孔蓋上的兔子圖樣，讓人忍不住多看兩眼 5 藍白色的AOHATA JAM DECK是歷史悠久的果醬工廠

尾道

廣島縣的尾道市人口約 13 萬名，在全縣排名第五，與鄰近福山市、三原市，屬於福山生活圈的一部分。

尾道基於特殊地形條件，同時享受山海景觀，主要市區坐落於瀨戶內海的岸邊，跟向島只隔著約 200 公尺寬的尾道水道，兩岸的造船工業相當發達。市區北邊緊鄰千光寺山，住宅沿著山坡往上延伸，發展出複雜的階梯群，對遊客而言有許多漫步尋寶的機會。住在山坡地帶的貓群，吸客魅力不輸自然景致。

尾道同時也是著名單車路線「島波海道」的本州端起點，騎士與行人可靠雙腳往來於本州和四國間，經媒體報導與米其林指南加持，在國際間享有知名度，令尾道成為日本單車旅行風氣最盛的城市之一。

尾道地圖

1 2 尾道是近年相當熱門的觀光城鎮
3 沿山而上的階梯是尾道的一大特色
4 尾道與向島間的海域只有約 200 公尺寬

尾道交通

JR+巴士

前往尾道最簡便的方式，就是搭乘 JR 山陽本線的普通車，從福山或廣島等地前往，於尾道站下車即可。車站位置旁就是商店街的入口，離貓之細道也不遠。

尾道當地雖然也有在 JR 山陽新幹線上設置的 JR 新尾道站，但車站位置是千光寺山背後的另一座山上，離市區稍微有點距離。且新尾道站到尾道站或市區之間沒有火車路線聯結，也不適合騎單車，只能靠市區的路線巴士接駁，反而不太方便。

由新尾道站搭巴士至尾道市區，單程約需 15 分鐘的時間，車資：成人 ¥190、兒童 ¥100。

清晨與白天的班次尚能配合，但太晚抵達新尾道站，就只能靠計程車下山了。

相反的，在搭新幹線的場合下，由 JR 三原站或 JR 福山站轉乘在來線可能比較方便。

渡輪

尾道與對岸的向島只隔了約 220 公尺寬的水道，雖已建有尾道大橋與新尾道大橋，但由於橋面高度太高，車輛與行人上下橋都得繞行遠路，因此一般民眾往來兩岸仍會仰賴橫渡水道的渡輪。

尾道與向島的渡輪航線有 3 條，分別由 3 家業者獨自經營，各家在兩岸的輪渡站位置與費用有些微差異，不過營業時間都相同，一般為每天的 06:00 ～ 22:00。

尾道與向島間的渡輪航線介紹

（＊資訊時有異動，請依官方公告為準）

尾道端	向島端	距離	時間	大人費用	小孩	腳踏車	備註
駅前	富浜	650 公尺	5 分鐘	¥100	¥50	¥10	22:30 打烊
土堂	小歌島	250 公尺	3 分鐘	¥60	¥30	¥10	週日停航
土堂	兼吉	300 公尺	4 分鐘	¥100	¥50	¥10	

1 新尾道站的交通便利性略為不足 2 JR 尾道站就位於市區與港口邊 3 橫渡水道的渡輪航線共有 3 條 4 往來尾道與向島的渡輪

腳踏車

受惠於島波海道的開通，即便尾道市有一大片區域為不適合騎腳踏車的山坡，但它依然發展為日本單車運動風氣最盛行的城市之一！

除了帶自己的愛車前往尾道，當然也可以直接在尾道租車。

租車地點：尾道港 (駅前港湾駐車場)，這是離JR尾道站最近的租車點，位於車站西側靠海邊的公共停車場1樓

營業時間：3～11月07:00～19:00，12月～隔年2月08:00～18:00，請務必在打烊前還車

費用：每日¥1,000，取車時須另外付押金¥1,000，如期還車即現場歸還

注意事項：租車時需要填寫資料，不懂日文基本上仍然能看懂內容

除此之外，docomo 也有在尾道提供租借單車的方案，主要的租借地點在車站出口的西側，可借車的時間為 07:00 ～ 23:00。會員註冊

與取車、還車的方法跟廣島市的方案相似 (詳見 P.151)，唯雙方的會員資料沒有互通，請分別前往註冊。

在日本，行人享有路權優先權，而在尾道市有些路段的人行道，是允許腳踏車與行人共用，但有些較繁忙的路段則為行人專用，或得要求腳踏車騎士下車牽行。

尾道站的站房目前在改建中，未來會將單車店、咖啡廳、青年旅社與其他設施融入其中，更加突顯作為「單車城市」玄關口的氣息。

1 腳踏車是尾道生活的一部分 2 尾道也有 docomo 的共享單車系統 3 不少海內外遊客造訪尾道都會租單車而行 4 讓腳踏車上渡輪也沒問題

千光寺公園
戀人聖地的賞景制高地標

📧 広島県尾道市西土堂町19-1 📞0848-38-9184
🕐24小時開放 💲免費參觀 ➡纜車下車後, 徒步
1分鐘 ⏰15分鐘 http www.city.onomichi.hiroshi-
ma.jp>觀光情報>觀光設施>千光寺公園

　　需靠乘坐纜車攀爬的這座山,以靠近山頂處
的佛寺千光寺而得名。搭乘纜車抵達終點後,
沿台階再往上走幾步路,便是頂峰位置的「千
光寺公園」。

　　公園中有一座頂上展望台,為附近的制高
點,遊客可登上3樓的戶外空間眺望尾道景
觀,擁有180度的絕佳視野。該公園雖然以佛
寺為名,但為對所有人開放的空間,公園本身
與瞭望塔皆無需收費。此處也被封為戀人聖
地,想必吸引著不少情侶在此約會。

　　附帶一提,從車站一帶仰望會發現山上有座
「尾道城」,但它並非古蹟,而是近代仿造建
築,且已不開放。

1 2千光寺山以寺廟為名 3千光寺公園被遴選戀人聖地

千光寺山纜車
千光寺山ロープウェイ
搭纜車眺望尾道景致

📧 広島県尾道市東土堂町20-1(資訊皆為山麓站)
📞0848-22-4900 🕐09:00～17:15(每逢0、15、
30、45分出發) 💲大人單程¥320,去回¥500(小
學生皆半價) ➡路線巴士「長江口」,徒步1分鐘;
由JR尾道站直接步行約15分鐘 ⏰10分鐘 http
www.onomichibus.jp/ropeway

　　遊客在尾道當地的旅行,可說是陸海空的全
方位交通方式都用上了,在騎單車與搭渡輪之
外,也會搭乘空中的「千光寺山纜車」,登上
市街旁的山丘。

　　纜車站的位置,是在稱為「長江口」的十字
路口與巴士站牌附近,距離尾道站約1.1公里,

遊客出站後往東沿鐵道步行,
至長江口巴士站後左轉鑽過鐵
路涵洞,就可見到纜車站了。

　　纜車單程費時約3分鐘,從車廂
中可以眺望市街與水道的景觀,天氣良好時的
景色相當吸引人。

1搭乘纜車可從空中眺望尾道市區景致 2為拉攏情侶搭
乘的纜車,有許多小巧思

尾道市立美術館
由建築大師加持的美術館

✉ 広島県尾道市西土堂町17-19　☎ 0848-23-2281　🕐 09:00～17:00(最後入館16:30)，週一休館　💲 依照當期展覽調整，詳情請查詢官網　➡ 纜車下車後，徒步2分鐘　🕐 60分鐘　http www.onomichi-museum.jp

設於千光寺公園旁的「尾道市立美術館」，於1980年3月開幕。最早的館舍建築為NHK尾道電台的舊址，以及當時模仿本地古蹟「西鄉寺本堂」所興建的本館。

到了1998年時為慶祝尾道實施市制滿100週年，作為城市的百年獻禮，當局央請知名建築師安藤忠雄為美術館設計新館舍，於2003年1月重新開館。

如今除了喜歡藝術作品的訪客之外，也有許多安藤的粉絲會前來參觀。不過館舍內的建築空間不能拍照，只能親自領會囉！

美術館的典藏作品，包括油彩、水彩、日本畫、版畫、雕刻等，其中也包括高卬良藏等人的攝影作品，呈現1950年代的尾道景觀，是認識尾道古早風貌的契機。此外，版畫家淺野竹二的《尾道》以簡單線條鉤勒出尾道的景致，作品問世儘管已有半個世紀，至今看來仍相當契合現代的潮流。

鼓岩 （豆知識 / 電影場景）

鼓岩是千光寺山上一塊突出的大型岩石，位於千光寺與美術館之間的步道旁。該處位置居高臨下，正對著尾道市街、水道與向島的JFE造船廠，視野很好且不會被樹叢遮擋，常成為風景宣傳照片的取景處，也有日本廣告與電影在此拍攝。不過鼓岩周圍沒有圍欄防護，遊客在此請格外注意自身安全。

鼓岩四周沒有圍欄，請格外留意安全

大面積落地窗讓尾道景致盡收眼底

見晴亭
みはらし亭,
Onomichi Guest House Miharashi-tei
老屋改建的文青旅社與咖啡廳

📧 広島県尾道市東土堂町15-7 📞 0848-23-3864
🕐 15:00(check in)～10:00(check out)最晚
check in時間為22:00 💲 通鋪¥2,800 ➡️ 纜車下
車後, 徒步8分鐘；由JR尾道站直接步行約20分
鐘 http miharashi.onomichisaisei.com ❓ 於車輛
無法抵達的階梯半山腰

近年來讓尾道躍居觀光熱點的幕後功臣中，
推動舊屋空間再利用計畫的「尾道空屋再生方
案」(尾道空き家再生プロジェクト) 團隊功不
可沒，「見晴亭」即是其經手案例之一。

這棟落成於1922年的古蹟老屋，利用千光
寺山不平整的坡地搭建，儘管看似有些危險，
但視野也相當不錯，已屹立將近百年。

該建築過去是富商的茶莊別邸，在1970年
代也曾作為旅館使用。日漸損壞的老屋如今由
再生團隊接手，於2013年登錄為文化財後，
進行大範圍整修，並於2016年重新作為旅館
與咖啡廳正式營業。

《穿越時空的少女》電影取景地

筒井康隆於1965年創作的小說《穿越時
空的少女》受市場矚目，於1983年首度搬上
大螢幕。當時15歲的原田知世因飾演女主
角大受歡迎，獲得多座獎項肯定，奠定80年
代一線女星地位。

《穿》劇曾在尾道取景，收錄當時的階梯
坡道畫面。現今尾道仍留下「時間小路」(タ
イル小路) 與「梶山時計店」等場景供影迷
追尋。該片導演大林宣彥在尾道完合稱「尾
道三部曲」的3部片，《穿》為其中之二。

在尾道版後，
《穿》劇至今已
再度翻拍3次
電影與4次電
視作品，但尾道
版仍深受日本
影迷喜愛。

尾道的風景與環境，吸引過
多部影視動漫作品取材

1 近百年的老屋已登錄為古蹟 2 見晴亭現作為咖啡廳與
青年旅社使用

1 2

貓之細道
猫の細道
貓奴們的相機請準備好！

　　尾道是個建立在山坡與海岸之間的城市，在山坡上有許多的階梯，很多貓咪居住在這附近，這裡的貓咪基本上不太怕生，還會主動靠近跟遊客們討食。

　　從天寧寺三重塔往下，到艮神社東側這段約 200 公尺的坡道，被人們稱為「貓之細道」。在地藝術家圓山春二從 1998 年開始利用石頭繪製「福石貓」，排列在貓之細道附近，成為另一特色，據說至今已畫了上萬顆石頭。當然，除了石頭貓之外，會出沒在貓之細道的喵星人也不少。

　　在尾道錯綜複雜的階梯坡道中，也藏身許多以貓

咪為主題的店鋪，其中包括「尾道招財貓美術館」(招き猫美術館 in 尾道) 與「貓物店 Le chat」(ねこグッズのお店 Le chat) 等，讓尾道成為貓咪與貓奴們都喜歡的山城。

　　有心人還以貓咪的視角，製作了離地 20 公分高的尾道街景圖「CAT STREET VIEW 尾道篇」(hiroshima-welcome.jp/kanpai/catstreetview)。沿途收錄 95 位住在貓奴家或戶外的喵星人，跟著街景圖拜訪尾道，甚至頗有玩「寶可夢 GO」沿路抓寶的錯覺。

　　走在貓之細道，也擔心人們會將自家無法供奉的「貓皇」帶來棄養，因此動保團體也在附近電線桿貼出告示，呼籲人們避免這種行為。在日本棄養寵物最高可罰日幣 100 萬元呢！

1 貓之細道位於天寧寺三重塔一帶 **2** 尾道的貓之細道具有全國知名度 **3 4** 許多貓咪以尾道的階梯周圍為家 **5** 圓山春二創作的「福石貓」已有上萬顆

Yuyu
ゆーゆー
公共澡堂改建的在地風味餐廳

📧 広島県尾道市土堂1-3-20 📞 0848-25-5505
🕐 10:00～18:00, 週四公休 💲 餐點¥850起 ➡️
JR尾道站, 徒步7分鐘 ⏱️ 60分鐘 🗺️ tabelog.
com/tw/hiroshima/A3403/A340302/34001841

商店街中的這間店, 即便本名稱為「ゆーゆ
ー」, 但在許多旅人的分享中都會以「大和湯」
作為記載, 因為這是一間以舊湯屋改建而成的
餐廳兼選物店。

在 Yuyu 可品嘗道地料理或購買在地嚴選特產

BETTER BICYCLES
更好的單車更好的生活提案

📧 広島県尾道市土堂2-7-1 📞 0848-38-7820 🕐
09:00～18:00, 週二公休 💲 單日租車¥2,160 ➡️
JR尾道站, 徒步10分鐘 ⏱️ 30分鐘 🗺️ better-bi-
cycles.com

商店街轉角的這間店為腳踏車生活複合店,
1樓銷售與維修手工單車, 2樓則是咖啡空間。
遊客也可以租用猶如精品的高檔單車, 每天僅
需 ¥1,500。在尾道站新站房啟用後, BETTER
BICYCLES 也將進駐車站開設門市。

在這裡可以品嘗尾道拉麵與穴子魚飯定食,
也可以吃到以本地檸檬和柑橘進行料理的點
心、蛋糕與水果聖代。座位區旁販售的嚴選商
品, 同樣是以在地的食材和佐料為主。

ゆーゆー的店內擺設儘管有一點點凌亂的感
覺, 但藉由將商品陳列在湯屋原本的置衣櫃進
行展示, 感覺別有風味。細心一點的遊客, 還
可以發現湯屋時代「傳染病者不能入內」的告
示牌喔!

豆知識
林芙美子

林芙美子為日本的知名女作家與詩人, 活
躍於1930 ～ 1940年, 出版作品《放浪記》
與《浮雲》受到文壇推崇。出生於下關 (一說
門司)、崛起於東京的林芙美子, 早年曾在尾
道就讀高等女學校, 也是她開始以筆名向報
社投稿創作的階段, 因此在尾道商店街的入
口立有她的紀念像。

林芙美子的舊居, 已改為紀念館對外公開

遊客也可在此租用個性化的腳踏車

NPO工房尾道帆布

NPO工房おのみち帆布
保留在地傳統帆布技藝的社會企業

✉ 広島県尾道市土堂2-1-16　☎0848-24-0807
🕐 10:00〜18:00　$ 各式產品約¥500起　➡JR尾
道站，徒步11分鐘　⏱30分鐘　http www.onomichi-
hanpu.jp

　　位於商店街中段的「NPO工房尾道帆布」，
原為1934年創立於尾道向島地區的帆布工廠，
是本地造船業供應鏈中相當重要的一環。

　　隨著20世紀末期的銷售衰退，尾道地區的
帆布廠紛紛歇業，相關技術與生產精神難以獲
得延續。如今的「尾道帆布」正如其全名，是
間公益性質的社會企業，以本地扎
實的帆布製造技術為基礎，轉
投入生產各式生活家居用品，
包括手提包、便當袋、零錢
包等。

　　工房希望能將職人工藝繼續傳承，並於2002
年在商店街中展店，讓更多遊客認識尾道帆布
的品牌！

1 旅行箱列車販售多家廠商生產的帆布製品，尾道帆布
也名列其中 **2** 旅行箱列車車內販售的帆布包有一款來自
尾道帆布 **3** 尾道帆布從傳統產業轉型，嘗試保留地方技
藝 **4** 門市中展示的傳統紡織機

ONOMICHI SHARE
讓靈感在此發芽的好所在

✉ 広島県尾道市土堂2丁目10番24号　☎0848-
23-2911　🕐09:00〜18:00　$ 短租方案¥500／2
小時，¥1,000／1日　➡路線巴士「長江口」，徒步4
分；由JR尾道站直接步行約13分鐘　⏱120分鐘
http onomichi-share.com

　　利用港邊老倉
庫改建的共享空
間，採低調簡約
的設計，有可眺
望海景的辦公座
椅與會議室，吸
引更多初創業者
或需短期辦公空
間者前來利用，
也為本地注入新
元氣。

ONOMICHI SHARE 將舊倉庫改造為創業基地

穴子的寝屋
あなごのねどこ
木頭老屋旅館後院別有洞天

✉ 広島県尾道市土堂二丁目4-9 📞 0848-38-
1005 🕐 16:00(check in)～11:00(check out) 💲
團體房¥2,800 ➡ 路線巴士「長江口」，徒步3分鐘
；由尾道JR站直接步行約11分鐘 🌐 anago.ono-
michisaisei.com

「穴子的寝屋」亦為「尾道空屋再生方案」
的作品，常受媒體報導。

這間坐落於商店街中的老宅，是傳統的町
家建築，即便門寬只有幾公尺，但內部卻非常
細長。隨著人口凋零，
未使用的老屋漸漸失去
生氣，遂由團隊接手改
造，於2012年底開設
接待海內外旅人的歇腳
處，隔年初再利用靠商
店街的店面開設咖啡店
「あくびカフェー」。

在狹窄巷弄中有處別
有洞天的小庭園，還有

間誠實投幣的二手物小屋，若非咖啡店顧客與
旅館房客也可一探究竟。

「穴子」與「見晴亭」也有打工換宿方案，
適合待超過1個月的旅人。

1 要前往房間入口，得先經過一條有趣的窄巷 2 穴子的
寝屋除了提供住宿，也是地方創生的基地 3 穴子的團體
房，在設計上頗具巧思

ONOMICHI DENIM SHOP
各行業職人先養好你的牛仔褲

✉ 広島県尾道市久保1-2-23 📞 0848-37-0398
🕐 11:00～19:00，週二、三公休 💲 約¥40,000
➡ 路線巴士「長江口」，徒步4分鐘；由JR尾道站
直接步行約16分鐘 🕐 30分鐘 🌐 www.ono-
michidenim.com

除了兒島與倉敷，其實備後地方也是全球牛
仔布料的重要產區。設計師邀請270位尾道地
區包括漁夫、建築工作者、保育員等，各行業
的職人參與方案，牛仔褲先由他們穿過1年後
再上市。這種歲月磨練的痕跡，讓許多愛好者
著迷。

ONOMICHI DENIM 的牛仔褲別有味道

Guesthouse Yado Curly
ゲストハウス ヤドカーリ
入住隨性自在的居所

✉ 広島県尾道市土堂1-9-13 ☎ 0848-24-9889
🕐 15:00(check in)～10:00(check out) 💲 團體
房¥2,800 ➡ JR尾道站，徒步6分鐘 http www.
facebook.com/yadocurly

「Guesthouse Yado Curly」是間很有個性的青年旅社，店主村上先生由福山市出身，大學畢業後到德國當了兩年多的DJ，之後回到日本創業。因為喜歡尾道的氣氛，所以找到這棟破舊的老屋，開始經營青年旅社生意，以宿舍房型與傳統日式房為主。

房屋1樓空間還開設Chai Salon Dragon咖啡館與小小的選物店「尾道土堂商店」。從旅社的空間布置，也可發現店主對藝術富有熱情，他甚至還在籌畫拍攝電影呢！

1 Yado Curly的團體房 2 3 巷弄中的Yado Curly，是讓人感動輕鬆愜意的青年旅社

尾道拉麵壹番館
尾道ラーメン壱番館
平日也得排隊的高人氣拉麵店

✉ 広島県尾道市土堂2丁目9-26 ☎ 0848-21-1119 🕐
11:00～19:00, 週五公休(但若為假日則營業) 💲 尾道
拉麵¥580、角煮拉麵¥950 ➡ 由JR尾道站直接步行約
13分鐘 🕐 30分鐘 http www.f-ichibankan.com

尾道當地的拉麵小有名氣，位於海岸通旁、離ONOMICHI SHARE不遠的「尾道拉麵壹番館」便是其一，每到用餐時段常常需要排隊。

壹番館的招牌包括基本款的尾道拉麵(尾道ラーメン，肉片＋筍乾＋蔥花)，以及具有高人氣的尾道角煮拉麵(尾道角煮ラーメン)。角煮的厚切燒肉較接近中式的焢肉，品嘗起來相當過癮。除了拉麵外，壹番館也有煎餃與燒肉飯，在夏天還有季節限定的尾道冷麵喔！

壹番館是尾道知名的拉麵店之一

福福饅頭
尾道版的名物點心車輪餅

✉ 広島県尾道市東御所町3-5 ☎ 0848-22-
3830 🕐 11:00～18:30, 週四公休 💲 原味
¥80 ➡ JR尾道站，徒步3分鐘 🕐 5分鐘 http
tabelog.com/tw/hiroshima/A3403/
A340302/34014454

尾道還有一項知名小點心為「福福饅頭」，就是我們熟悉的車輪餅，以傳統的紅豆內餡為主打品。店面位置在車站東側的平交道對面，由車站往來商店街途中就會經過。

福福饅頭為尾道著名的小點心

ONOMICHI U2
由舊倉庫改建的單車生活基地

✉ 広島県尾道市西御所町5-11 ☎ 0848-21-0550 🕐 07:00～21:30(各店鋪有異，請以各店鋪公告為準) ➡ JR尾道站，徒步6分鐘 ⏱ 60分鐘 http www.onomichi-u2.com

這是一棟利用港濱舊倉庫改建的腳踏車主題館，儘管外觀仍保持舊倉庫的風貌，甚至還有些斑駁，但裡頭卻是讓人耳目一新，各式腳踏車主題的店家林立，也是尾道單車風潮的指標設施！

這裡面設有一間富有特色的單車旅館「HOTEL CYCLE」，可讓車主與愛車一同進房，就不用擔心單車停在外頭會有失竊的風險了，很受車迷們歡迎。尤其是騎名貴單車的車主，這裡更是指定的住宿地點。旅館也規畫了專屬單車活動，由自家的巴士與拖車搭載客人，為僅限入住者參加的套裝行程。

除此之外，U2還設有多間餐廳、烘焙坊、咖啡廳，與酒吧。「SHIMA SHOP」選物店則遴選了尾道本地、島波海道沿途，以及山陰地區的眾多優質商品。

捷安特進駐 U2 設立單車門市，為騎士提供各項支援協助。捷安特也有碳纖維公路車租借的服務，讓有心挑戰島波海道者獲得陪同征戰的良駒。

1 倉庫改建的 U2 為本地單車文化的旗艦 **2** 捷安特進駐 U2 開設門市

後藤鑛泉所
後藤鉱泉所
來老牌汽水店沁涼一下吧！

✉ 広島県尾道市向島町兼吉755-2 ☎ 0848-44-1768 🕐 08:30～17:30 💲 汽水約¥150 ➡ 尾道渡船向島渡口，徒步7分鐘 ⏱ 10分鐘 http tabelog.com/tw/hiroshima/A3403/A340302/34014800

這間 1930 年創業的汽水廠設於向島，至今仍持續生產，各式口味的玻璃瓶汽水才 ¥150 起，相當實惠，復古的彈珠汽水尤其受到喜愛。從今治騎島波海道完成渡海者，在最後一站喝瓶沁涼的汽水慶祝壯舉達成，是再享受不過的滋味！在新幹線的新尾道站，也會特地販售後籐鑛泉所的汽水。

除了彈珠汽水，也有其他的碳酸飲料

喰海
離車站不遠的海景拉麵店

✉ 広島県尾道市土堂町1-12-11 ☎ 0848-24-8133 🕐 10:00～21:00(最後點餐20:30), 週三公休 💲 尾道拉麵¥610 ➡ JR尾道站，徒步5分鐘 ⏱ 30分鐘 http www.kuukaira-men.com

喰海的店面鄰近港口邊，店內還有一排可以欣賞海景的座位。這裡的尾道拉麵以雞骨、豚骨，再混加 6 種醬油調製湯底，看來是店主精心研發的獨家味道，店主對於食材來源也格外講究，難怪能獲得許多吃過的饕客支持。

除了拉麵本身，由拉麵＋炒飯＋煎餃組成「喰海 set」¥1,130，也深受歡迎。

離車站不遠的喰海受不少饕客喜愛

島波海道／しまなみ海道

跳6座島嶼7座跨海大橋的腳踏車道

　「島波海道」是繼岡山地區的「瀨戶大橋」，以及由神戶聯結德島的「明石海峽大橋」與「大鳴門橋」後，第三條通過瀨戶內海上空、連結本州與四國的跨海大橋群，於 1999 年全線通車。

　該路徑全程由「新尾道橋」、「因島大橋」、「生口橋」、「多多羅大橋」、「大三島橋」、「伯方大島大橋」，以及「來島海峽大橋」等 7 座跨海大橋組成。從尾道出發，得陸續跳過 6 座島嶼才抵達四國的今治。

　有別於較早通車的兩條跨海大橋群，島波海道是首座納入自行車道與人行道設計的通路，因此也是目前唯一允許讓人們藉由騎腳踏車或徒步，從本州前往四國的陸路通道。

　高速公路的島波海道（西瀨戶自動車道）全長約為 60 公里，而供腳踏車行駛的路徑，除了在橋樑區間會併行外，在各島上多半是回歸一般道路，因此總里程會拉得更長，約莫為 80 公里。

　從尾道至今治有 9 處大小不等的爬坡路段，多數是在上下 7 座跨海大橋的前後區間（橋面離海平面平均約 40 公尺）。幸好日本的工程設計已將單車騎士納入考量，在進出各橋樑時會有迂迴爬坡的引道，坡度約為 3／100，也就是騎 1 公里爬 30 公尺的意思，對於多數騎士而言應該可以勝任。

　單車途徑全程的最高點會在大島上的「宮窪卡」，海拔約 80 公尺。在地圖上看似平整的路線，全程踏破還是需要一些體力喔！

租借單車挑戰海道

在尾道租借的單車，可在尾道市區內騎乘，也能踏上島波海道的征途。

這套公有的自行車系統，於整個島波海道沿途共有 13 個合作租借站，騎士如果沒辦法把車騎回原點，也可於合作站點歸還租借的腳踏車，但當初取車時付的 ¥1,000 押金就會沒收，充當回送處理費用。

電動自行車沒辦法甲租乙還，請格外留意。如果是向尾道或今治的捷安特門市租車，回送費用則為 ¥3,000。

1 4 為讓船隻通行，跨海大橋的橋面不能太低 2 近年非常流行在島波海道騎單車 3 騎完島波海道於後藤鑛泉所喝罐飲料，非常享受呢 5 島波海道為目前唯一能從本州騎單車往來四國的途徑 6 島波海道的路線會穿梭多座島嶼

3

4

5 6

在尾道至彼岸的向島這段路程，雖然有尾道大橋與新尾道大橋可銜接，但新尾道大橋為高速公路專用，尾道大橋的位置又離市區有段距離，且車多路狹，不建議騎乘。因此，絕大多數的騎士，都是先從尾道搭乘渡輪到彼岸，再開始騎腳踏車的行程！

牛奶杰自己覺得秋天是滿適合騎島波海道的季節，沿路可以欣賞山丘上的紅色與橘色楓葉，太陽與海風也不會那麼強，不至於對體力造成太大的負擔。

近年來在各島上陸續開了多家青年旅社，騎士如果時間充裕的話，不妨用 2 天、甚至 3 天的時間來挑戰騎島波海道，這樣更能拜訪沿線的景點囉！

行經島波海道的巴士

如果無力挑戰單車踏破全程，租車自駕或搭乘巴士也是體驗島波海道的方法。

行經島波海道之高速巴士

（＊資訊時有異動，請依官方公告為準）

車種	島波 Liner（しまなみライナー）	島波 cycle express（しまなみサイクルエクスプレス）
車程	福山到今治	尾道至今治
車次	一天 16 趟往返	一天 3 趟往返
車資	單程 ¥2,500（兒童半價）	單程 ¥2,250（兒童半價）、單車 ¥550
備註	不能載腳踏車	能搭載未裝入攜車袋的腳踏車（需拆除前輪），個人乘車時不用預約，但若有單車同行，則得先確認還有沒有車輛的空位。 尾道巴士預約電話：0848-46-4301 預約時間：乘車日前 1 個月到前一天 08:30 ～ 17:30

除了島波 Liner、島波 cycle express 外，在島波海道北段的尾道至因島土生港，以及南段的今治至大三島大山祇神社區間，也有路線巴士（皆不能攜帶單車）運行。

1 7座跨海大橋之一的因島大橋 **2 3** 島波海道也有高速巴士行駛

1 跨海大橋的車道設於公路橋面下層 2 利用蜿蜒的坡道慢慢登上橋面高度

小錦囊

平行於島波海道的渡輪

　　除了靠雙腳之力把車騎到終點外，從尾道經因島的重井東港，至生口島瀨戶田港之間，以及由今治港到大三島宗方港之間，也有渡輪航行，可付費搭載腳踏車一同乘船。

搭配渡輪可讓島波海道的行程多些彈性變化

今治

　　島波海道南端起訖點的「今治」，居民人數在愛媛縣排第二，僅次於縣治所在地的松山市。它同時是四國島上屏除四縣治後的最大城市。

　　今治的特色，可以從其吉祥物Bari-San的身上看得一清二楚。雞蛋造型的Bari-San，代表著今治當地的雞肉美食深受居民喜愛；頭上的皇冠則是「來島海峽大橋」的造型，也就是島波海道最靠近今治、跨距也最長的大橋。在今治的郵便局前，還有海峽大橋造型的特殊郵筒呢！

　　Bari-San手上拿的船型布包，意味著今治為日本的造船工業重鎮，每年都有許多新船在此下水！

　　最後是Bari-San胖胖肚子上圍著的毛巾，突顯今治是日本的「毛巾之都」，國產毛巾當中約半數是由今治生產。今治的毛巾強調吸水性一流，是其他國外低價製品無法相提並論的。如今，每一條由今治出產的毛巾，都會縫上專屬的logo，是品質保證的象徵。

　　喜歡今治毛巾的顧客，可以在連鎖專門店「伊織」或「毛巾美術館」購得相關產品。伊織的「伊」為伊予國的意思，也就是愛緣縣的古國名。四國島上的4個縣分，正好都繼承了令制國(日本奈良時代開始出現的政區制度，直到明治才取消，但民間有時會照用)的舊稱與範圍。

象徵來島海峽大橋黃冠，讓可愛的Bari-San把今治的特色都帶上身了

廣島 ● 尾道特集：島波海道

199

今治城
引海水作護城屏障的日本三大水城

✉ 愛媛縣今治市通町3-1-3 ☎ 0898-31-9233 ⏰ 09:00～17:00 💲 大人¥500，學生¥250 ➡ 由今治站搭往「今治營業所」的路線巴士於「今治城前」下車 ⏱ 60分鐘 🌐 museum.city.imabari.ehime.jp/imabarijo

玩家如果來到今治，也別忘了去別具特色的城堡瞧瞧。「今治城」在日本城堡界當中，有「三大水城」的稱號。日本早期的城堡都建於山上，像備中松山城那樣的地形條件，不利於攻擊方進犯。到了戰國時代與江戶時代，才有大規模建於平地上的城堡出現。

而像今治城這樣可以直接引入海水當護城河，同時也能讓船隻靠岸運補的城堡，就稱為「水城」。今治城與鄰近的高松城 (又稱為玉藻城) 就是這類型的代表。今治城由戰國時代的築城名家藤堂高虎設計，是運輸機能與防禦性兼備的作品。至於護城河外圍的城下町，經過400年的發展，就是現在的今治市街囉！

遊客來此除了可以感受城堡的宏大規模，天晴無風時透過水面反射呈現顛倒的今治城身影，也是取景特色。

今治城為著名的水城

小錦囊
便利的鐵路交通

今治當地有 JR 予讚線通過，是聯絡四國兩大城高松與松山的幹線，JR 今治站為特急列車均會停靠的車站 (往松山約40分鐘，往高松將近2小時)，遊客要由此前往兩地，或是轉往四國其他地方都很方便。

今治站設有捷安特的門市，可租還單車，該門市還準備了高階輕盈的碳纖維車讓顧客挑戰島波海道，是尾道門市未提供的車款。

車站前有座雕像，主角是傳說中的人物「猿飛佐助」，他在小說中被納為「真田十勇士」之一，為戰國末期協助真田家的忍者。小說創作者山田阿鐵的出生地在今治，因此有了這尊雕像。

1 捷安特在今治站設有門市　2 車站前的猿飛佐助

鞆之浦

鞆之浦地圖

福山市為廣島縣的第二大城，也是全縣東半部的核心，早年屬於備後國的範圍，跟隸屬備前國、備中國的岡山有不少往來。

福山市轄區南端的鞆之浦，早自北前船時代就已開發，擁有超過千年的歷史。由於周圍潮流之故，引領許多船隻在此靠岸，讓它成為瀨戶內海的重要港口。

戰國時期，室町幕府的第十五代將軍足利義昭遭到梟雄織田信長夾持，而後被信長逐出京都，投靠山陽地區的大名毛利元就，棲身於鞆，一度打算在鞆城重建幕府威信，稱為「鞆幕府」。之後隨著信長驟逝、義昭返回京都，而結束了鞆幕府的流亡階段。

相對於其他知名度更高的地點，鞆之浦的外國觀光客較少，是可以放鬆步調、慢慢散步的好地方！

1 鞆之浦是很有特色的港濱城鎮　2 足利義昭曾打算在鞆重建幕府政權

鞆之浦交通

JR轉路線巴士

鞆之浦過去是自己獨立的鞆町，於1956年併入福山市。鞆之浦的位置距離JR福山站約12公里，得轉乘路線巴士前往。

前往鞆之浦可於福山站南口的5號站牌，搭乘鞆鐵道(鞆鉄道)的「鞆線」(51與52系統)，至鞆之浦站，或終點的鞆港站下車皆可，白天時段平均每20分鐘會發1班車，算是班次密集的路線。

鞆線停靠站

停靠站	鞆之浦站	鞆港站
車程	30 分鐘	32 分鐘
車資	¥520 (兒童半價)	¥550 (兒童半價)
站牌位置	老街區域的東側	老街區域的南邊
備註	候車處即是觀光情報中心，建議去程搭到鞆之浦站，於觀光中心瀏覽一下當時的訊息	步行至太田家住宅、伊呂波丸展示館，與常夜燈等處會近一些

(＊資訊時有異動，請依官方公告為準)

從業者的名稱不難發現，從福山到鞆之浦過去有鐵路連結。火車服務於1913年開始載客，鐵道會社十多年後才開始涉入路線巴士生意，直到1954年鐵道全線廢止後，路線巴士成為主要的衣缽。但公司名稱至今仍然未變更，依然稱為「鞆鐵道株式會社」(www.tomotetsu.co.jp)。

以福山為主要市場的鞆鐵道，如今也參與中國巴士、瀨戶內運輸公司等業者合作的企劃，提供福山往來今治的「島波Liner」高速巴士服務。

1 鞆鐵的路線巴士 2 往鞆之浦的巴士於福山站南口5號站牌搭車 3 鞆之浦的下車站牌對面就是觀光情報中心 4 觀光情報中心有個角落是鞆鐵的資料館

常夜燈與海港老街
鞆港代表地標與影劇拍攝處

🕐 24小時開放 　➡ 路線巴士「鞆港」，徒步5分鐘
🕐 20分鐘

鞆港的發展，早在日本的奈良時代就有古書記載，相當於西元 750 年前後，比京都開始擔任日本首都的時間還早。

這座面對瀨戶內海的港口城市，歷經千年發展，如今在海岸附近留下許多歷史遺跡，其中以港邊的「常夜燈」最具代表性。古時人們會在這座石造的高燈籠中點上柴火，作為引導船隻進出港口的指引，功能就如同後來建立的西式燈塔。

常夜燈旁的「雁木」指的是岸邊像石造台階的構造物，讓船隻在不同潮位高度時能靠岸繫繩，為古代日本港口的象徵。如今在一些歷史悠久的碼頭，仍能見到類似的設施。

常夜燈與雁木為鞆之浦的象徵，曾在許多日本電影作品中現身，例如由動畫改編為真人演出，跟幕末歷史密切相關的《銀魂》(第一集)，以及由帥氣小生玉木宏主演的推理懸疑片《偵探御手洗事件簿—星籠之海》(探偵ミタライの

事件簿 星籠の海) 等，都有常夜燈的身影。

在常夜燈北側的聚落，則是鞆之浦的老街區，藏有許多上百年歲月的古宅，現已納入「重要傳統的建造物群保存地區」加以維護。位於山丘上的歷史資料館，則是鞆城的遺址位置喔！

1 常夜燈的功能猶如西式的燈塔　2 3 從山丘俯瞰港區，常夜燈仍相當顯眼

太田家住宅
登上幕末歷史舞台的鞆港代表

✉ 広島県福山市鞆町鞆842 ☎ 084-982-3553
🕐 10:00～17:00，週二公休 💲 ¥400 ➡ 路線巴士
「鞆港」，徒步5分鐘 🚗 30分鐘 http www.sawasen.
jp/tomonoura/annai/otake

如果問起鞆之浦的名產，絕對不能忽略「保命酒」！

這不是受傷時的解藥，亦非被蛇咬傷時該緊急注射的血清，而是一種平時養生的傳統藥酒，據稱有在冬天維持身體暖和，減少疲憊感等效果。由於會散發出16種味道，又有「十六味地黃保命酒」的稱呼。

鞆之浦的保命酒從1659年開始銷售，最初的生產者為中村吉兵衛，明治維新之後開始有不同的業者參與其中，太田家就是其中之一。在常夜燈附近的規模完整的大宅，就是太田家的古宅，過去則歸中村家所有。

幕末時期政治動盪，有7位支持尊皇攘夷主張的朝廷公家官員，因1863年發生「八月十八日政變」，被孝明天皇、幕府與會津藩武士聯手逐出京都，他們為免殺身之禍接受長州藩保護，避走本州西部，稱為「七卿落難」。一行人途經鞆之浦時，曾在太田家停留數日，

獲得熱情接待。

「七卿」當中以三條實美為首，他後來在明治天皇繼位、推動維新改革大業後，曾長期擔任明治政府的太政大臣(相當於天皇之下的政府首腦)。七卿當中後來只有5位平安回到京都，所幸三條實美在落難過程沒有發生節外生枝的意外，不然日本的歷史可能會是其他的發展走向了。

1 落難的七卿，在山口市也設有紀念碑 2 保命酒的植物原料相當多元 3 七卿於鞆之浦停留時曾暫住於太田家 4 「保命酒」為鞆之浦的特產

伊呂波丸展示館
牽涉坂本龍馬的沉船事件

✉ 広島県福山市鞆町鞆843-1 ☎ 0849-83-5661
🕐 10:00～17:00 💲 小學生以上¥200，小學生以
下免費 🚌 路線巴士「鞆港」，徒步5分鐘 ⏱ 30分
鐘 http www.sawasen.jp/tomonoura/annai/iro-
hamaru/irohamaru.html

幕末時期還有一項重大的海上爭議事件，跟鞆港有關。

當時，出身土佐藩的志士坂本龍馬籌措了資源，開辦一間身兼海上貿易與運輸的公司「海援隊」，並透過關係向大洲藩租借了一艘「伊呂波丸」（いろは丸）執行業務。

但這艘船卻在搭載貨物航行的過程中，於1867年5月26日遭紀伊藩所屬、噸位更大的明光丸撞擊，搶救不及沉沒於鞆港外海。這是日本首次發生蒸汽船相撞沉沒的海事糾紛，引發各界重視。

雙方就賠償事宜在鞆港進行談判，並由薩摩的海事專家進行第三方仲裁，認為明光丸責任較大。紀伊藩一度拒絕接受海事仲裁結果，也不願賠償海援隊與大洲藩的損失，使雙方關係劍拔弩張。

紀伊藩的勢力，跟擔任末代幕府將軍的德川慶喜有關。而龍馬則跟主張倒幕的長州藩與薩摩藩友好，可說是幕府亟欲除去的敵人。如果雙方那時開打，日本由將軍統治的歷史，恐怕會提早結束。

經由水下考古作業，伊呂波丸在1988年被發現安靜沉沒於27公尺深的海中。如今在常夜燈旁的「伊呂波丸展示館」，就介紹著這段歷史情節，以及模擬搜尋伊呂波丸的場景。對於龍馬迷而言，這裡也是重要的朝聖地點喔！

1 展示館與龍馬關係密切 2 伊呂波丸展示館（白色者）就位於港邊 3 模擬水下考古的情景 4 伊呂波丸的模型

福禪寺對潮樓
在地代表古寺亦是歷史、外交中心

🖂 広島県福山市鞆町鞆2 ☎084-982-2705 ◷
08:00～17:00 💲大人¥200, 高中與中學生¥150,
小學生¥100 🚌路線巴士「鞆港」, 徒步2分鐘 ◯
30分鐘 http ww7.enjoy.ne.jp/~taichorou

伊呂波丸事件發生後，雙方代表齊聚於鞆之浦的「福禪寺」，共同商討責任歸屬與賠償事宜，使得這座古寺無心插柳、卻參與了幕末歷史的一環。

福禪寺本身是鞆之浦具代表性的佛教寺院，建於西元950年左右，歷史相當悠久，也曾見證過鞆幕府階段的軌跡。寺院中的主要建築「對潮樓」，大約完成於1690年左右，曾作為接待朝鮮外交官之處。位於山丘上的樓閣，可眺望一水之隔的仙醉島，風景相當優美，讓對潮樓贏得「日東第一形勝」的美稱。

面積不大的仙醉島，曾接待過明治天皇以降的歷代天皇，看來是深受皇室家族成員喜愛的小島。島上有溫泉設施、國民旅社，與露營區，自然生態資源豐富。

從鞆之浦搭福山市營的渡輪到仙醉島僅需5分鐘，黝黑色的船隻外型經過特別打扮，船名稱為「平成伊呂波丸」，有另一番歷史意義。

除了福禪寺之外，位於老街當中的舊魚屋萬藏宅，也曾經是談判場所。不過雙方在鞆之浦

電影《金剛狼：武士之戰》取景地點

2013年上映的好萊塢電影《金剛狼：武士之戰》(The Wolverine) 當中，主角金剛狼 (休傑克曼飾演) 與女主角為了躲避反派的追殺，從東京一路向西逃到女主角家族位於長崎的小屋。

關於這部分情節，電影的實際拍攝地點並非長崎，而是在廣島的鞆之浦。男女主角搭乘巴士抵達終點站的下車路口，確實是鞆鐵的巴士終點站：鞆港。他們棲身的小屋則坐落於圓福寺旁，從巴士站步行僅需兩分鐘。喜歡這部電影的X戰警粉絲們，若有機會來到鞆之浦也別忘了找找有沒有熟悉的場景喔！

在鞆之浦以外，JR福山站前、東京的JR上野站前以及增上寺，也都曾在電影中出場過。

1 金剛狼搭乘巴士就是在這裡下車 2 想不到古樸的鞆港會參與好萊塢大片的拍攝

③

的交涉始終未達成共識，後來是移往長崎再談才告一段落。

事後，龍馬在紀州藩完成支付賠償金不到10天，就於京都遭逢「近江屋事件」遇刺身亡，兇手與犯案目的至今仍是歷史之謎。而嚥不下氣的紀州藩，被認為具有行兇動機！

1 舊魚屋萬藏宅也曾是談判場所 **2** 對潮樓的景觀有「日東第一形勝」之稱 **3** 平成伊呂波丸與仙醉島

豆知識

動畫片《崖上的波妞》的參考地點

除了被好萊塢大片相中，鞆之浦也曾擔任過許多日本影視作品的取景地，除前述兩部在常夜燈取材者，還有佐藤健與土屋太鳳合作的感人故事《跨越 8 年的新娘》(8 年越しの花嫁) 等。

既是少女偶像團體 AKB48 的成員、同時也是演歌歌手身分的岩佐美咲，曾以此處為背景發表《鞆之浦的愛慕之情》(鞆の浦慕情)，創下佳績。

1

就連吉卜力工作室也公開證實，2008 年出品的動畫片《崖上的波妞》(崖の上のポニョ) 在設定劇中場景時，參考的地點也正是鞆之浦。波妞與金剛狼反差如此大的兩部片都選中了鞆之浦，看來這座老港口的戲路很廣呢！

2 ⋯ 3

1 **3** 《崖上的波妞》曾參考鞆之浦繪製場景 **2** 岩佐美咲曾為鞆之浦的觀光代言

順道遊

福山城
緊鄰新幹線車站的華麗天守

Data ☒広島県福山市丸之内一丁目8番(資訊皆為福山城博物館) ☎084-922-2117 ⏰4～8月09:00～18:30, 9月～隔年3月09:00～17:00, 閉館前30分鐘最後入館 💲大人¥200, 高中生以下免費 ➡JR福山站, 徒步5分鐘 ⏱60分鐘 http www.city.fukuyama.hiroshima.jp/site/fukuyamajo

位於福山站旁的「福山城」，具有一座從新幹線列車上就能清楚望見的天守閣，應該是全國距離鐵道數一數二近的天守。福山城的坐落位置，離福山站只有10步之遙，從車站北口出來通過一條窄小的街道，就是福山城的範圍了。

此外，福山為新幹線的停靠站，礙於平面空間有限，新幹線月台是直接建於在來線月台之上，高度就相當於福山城的石垣高度。因此上行方向(往岡山方向)的新幹線月台，也是眺望福山城景觀的好地方，該條件是在來線月台或車站望其項背的呢！

1 福山城的公園可以賞櫻或賞楓 **2** 福山城擁有大型的天守閣

三原城
蓋在城堡中心的火車站

Data ⏰06:00～22:00 💲免費參觀 ➡天守台由JR三原站進出 ⏱15分鐘 http www.city.mihara.hiroshima.jp/soshiki/4/shiro.html

儘管福山站是離天守閣最近的車站，但若要提「離整座城堡最近的車站」，與福山站搭新幹線只有1站之隔的三原站如果謙稱第二，大概沒有其他車站敢稱第一。

三原站附近的鐵道路線，根本就是直接從城堡的範圍上壓過。車站的本體建築與月台，則是緊貼著「三原城」本丸的石垣(最核心區域的城牆)，彼此相隔不到10公尺。

「三原城」沒有保存或重建天守，僅留下底部石頭結構的天守台，民眾若想踏上天守台，唯一的通道便是經由車站的專屬出口進出。與福山站的情境正好相反，這裡的天守台高度更勝於新幹線月台，因此三原對鐵道迷而言是有利的觀賞地點，可以從天守台望見站內的新幹線列車呢！

1 天守台的高度甚至還比新幹線月台高 **2** 三原站現址緊貼著三原城的天守台

宮島

宮島是瀨戶內海當中的一座小島，面積約30平方公里，離本州最近之處不到500公尺，現行主要的渡輪航線距離約1.6公里。

宮島上的嚴島神社非常有名，嚴格說來嚴島神社是建於小島岸邊的海上，從200年前的江戶時代就已是熱門的朝拜與觀光景點。矗立於海中的大鳥居，更是日本最具傳統代表性的地標之一。這裡除了是宗教聖地，也曾為戰國早期的重要戰場，影響著山陽地區的勢力版圖。

現今一年會吸引超過300萬名遊客登島，其中包括大批的外國遊客與校外教學的日本學生。在神社周圍生活的鹿群，為神的使者，同時也是宮島的觀光大使喔！

宮島島上地圖

1 宮島離本州相當近，搭渡輪僅需幾分鐘航程 2 在宮島常有機會遇到學生旅行 3 鹿被視為神的使者，在此備受禮遇

宮島交通

電車

從廣島要前往宮島，必須先抵達輪渡站才能搭船，途徑有二。

搭JR前往

車種：JR 山陽本線的普通列車
車程：28 分鐘
車資：大人 ¥410，兒童 ¥210

較多玩家的方法是從 JR 廣島站(或沿途的新白島站、橫川站或西廣島站)搭乘 JR 山陽本線的普通列車，於 JR 宮島口站下車。出站後步行至正前方約 190 公尺的輪渡站，途中經過車流繁忙的國道 2 號線，請記得走地下道。

搭廣電前往

車種：宮島線班車 (路面電車)
車程：70 分鐘
車資：¥280(兒童半價)
注意事項：使用廣電發售 1 日券因已含這段車資，不須另外付費，適合當天會前往宮島又有市內行程的遊客

另一個途徑則是搭乘廣島電鐵的宮島線班車，它在西廣島站以東的廣島市區內，是行駛於馬路上的路面電車，過了西廣島站之後就有專屬的軌道，車速也會提升一些，不過整體耗時仍會比 JR 久。電車採取直通運轉的方式，

因此從 JR 廣島站前沿路搭到終點的廣電宮島口站都不用換車。

企劃票券省遊費

廣電為外國遊客設計了「Visit Hiroshima Tourist Pass」企劃票，售價 ¥1,000 的最小範圍版「SMALL Area」便已包含廣電全線與渡輪。由於宮島纜車的來回費用就需 ¥1,800，憑這張可以優惠價 ¥1,350 搭乘，等於來回廣島至宮島 1 趟之後的廣電全線與渡輪都免費招待，唯獨過程會比較費時一點，若行程沒有安排得很緊迫，算是很能為遊客節省旅費的選擇。

1 JR 車站有寄放行李會將宅配行李的服務 2 搭乘 JR 請至宮島口站下車 3 廣電宮島口站 4 廣電也提供往來廣島市區至宮島口的服務

渡輪

　　從宮島口要搭渡輪前往真正的宮島，同樣有兩家業者分別提供服務。包含鐵道業者子公司的 JR 西日本渡輪及宮島松大汽船。

宮島口渡輪比一比

船種	JR 西日本渡輪	宮島松大汽船
營業時間	05:45 ～ 22:42	07:00 ～ 20:35
船班	每 15 分鐘發 1 班	
航程	10 分鐘	
票價	¥180 (兒童半價)	
付費方式	現金購票、ICOCA 等 10 種智慧票卡、Pass 企劃票 (包括青春 18 車票)	現金購票、ICOCA 等 10 種智慧票卡、部分企劃票
登船處	JR 宮島口站筆直前往、位於大馬路路衝位置	緊靠廣電宮島口站
特色	09:10 ～ 16:10 間走迂迴航線，為便於遊客欣賞與拍照，會在安全的距離內更接近嚴島神社的海上鳥居	可使用廣電發行「一日乘車乘船券」(一日乘車乘船券)，國內外遊客都能用，¥840 (兒童半價)
附註	皆可使用為外國遊客設計的「Visit Hiroshima Tourist Pass」企劃票	

(＊資訊時有異動，請依官方公告為準)

❶本州端的輪渡站 ❷搭乘渡輪的旅客非常多 ❸JR 的船班在白天會往大鳥居再靠近一些 ❹船班從日出時就開始營業 ❺有兩家業者經營宮島航路的生意 (紅色船身為 JR 西日本渡輪、藍色為宮島松大汽船)

嚴島神社
以海上大鳥居馳名海內外

広島県廿日市市宮島町1-1 ☎0829-44-2020
🕐06:30～18:00(各月分部門時間略有不同) 💲神社本身，大人¥300、高中生¥200、中小學生¥100 🚶由宮島棧橋徒步約10分鐘 🕐50分鐘 http www.itsukushimajinja.jp

設立於宮島岸邊的「嚴島神社」，是廣島縣的知名地標，甚至可能是國外旅人認識日本的重要印象，被列為「日本三景」之一。

神社的建築本身，以及正前方約150公尺遠的大鳥居，因位於宮島的潮間帶上，滿潮時海水會淹過鳥居的底部，使其浸泡在海水中。神社本身也採取架高的結構，讓海水在地板下流動，十分特別。

嚴島神社設立的確切時間已經不可考了，目前僅知於西元593年便已存在，至今一千四百多年。神社的建築曾因祝融、海嘯，或戰禍受到破壞，但目前的格局從14世紀便已確立，也有將近700年了。

戰國時期的1555年，毛利家與大內家在宮島進行對決，雙方動員約3萬名兵馬與水軍，最後由毛利家獲勝。從此奠定安藝國為毛利家的勢力範圍，最盛時一度統治中國地方的七國，是讓織田信長與豐臣秀吉的統一大業都得慎防的勢力。

毛利輝元擔任當主時決定為豐臣秀吉效力，並協助進軍四國與九州。秀吉在嚴島神社旁的山丘上建立大經堂，以祭祀陣亡官兵。大經堂的面積相當廣，裡頭需要近千張塌塌米才能鋪滿，於

廣島
● 宮島

是現在通稱為「千疊敷」。

受到神社香火鼎盛的影響，宮島與本州間的「宮島航路」早在江戶時代就已存在，明治時期的 1897 年，隨著山陽鐵道的路線鋪設，在宮島口設立車站，載來了更多的人潮，讓現代的「宮島連絡船」正式上路，6 年後更成為山陽鐵道的附屬事業。而後隨著國鐵的收購與解散，如今成為 JR 西日本的渡輪服務。

宮島航路是國鐵與 JR 體系僅存的最後一條鐵道連絡船，遊客如果發現鐵道公司也有「船長」職務，請不要太驚訝。能讓鐵道業者積極投資海陸市場爭取生意，也是嚴島神社的一項特殊貢獻。

嚴島神社以及背後的彌山原始林，已於 1996 年納入世界文化遺產。神社本身的建築物也列為日本國寶，神社保存的文物則有多件國寶與重要文化財。

讀者規畫嚴島神社的行程時，記得先查詢查當日的潮汐的時間。鳥居在滿潮時會淹在海中；不過到了乾潮時，人們可以徒步走到鳥居旁，在底下與之合照。乾潮與滿潮的間隔時間約為 6 小時，如果想一次體驗兩種情境，可挑選適當的時段登島。

嚴島神社吸引著大批西日本地區的學生校外教學或畢業旅行，本地的學生則會以大鳥居為背景拍攝全班大合照。牛奶杰某回取材時，就遇到學生們在此留影，別具意義。不曉得當他們離開學校 10 年或 20 年後，再次見到家鄉大鳥居前的合照，會先想到什麼回憶呢？

1 海上大鳥居可說是嚴島神社的正字標記 2 嚴島神社已存在至少 1,400 年 3 山丘上的五重塔也相當吸睛 4 滿潮時，海水像是會淹沒神社 5 6 嚴島神社列為世界文化遺產之一

紅葉谷公園
千萬別錯過宮島上的紅葉季節

✉ 広島県廿日市市宮島町紅葉谷　☎ 0829-44-2011 (宮島観光協会)　🕐 24小時開放　💲 免費參觀　➡ 由宮島棧橋徒步約15分鐘　⏱ 40分鐘　🌐 www.city.hatsukaichi.hiroshima.jp/map/15043.html

　　位於嚴島神社背面的「紅葉谷公園」正如其名，在每年秋天的賞楓季節，為宮島乃至整個廣島縣知名的賞楓去處，楓樹會沿著公園內的步道兩旁生長，美不勝收。

　　紅葉谷的名聲，早在江戶時代就傳遍西日本地區，園區內約兩百棵楓樹在11月中旬至12月上旬慢慢轉紅，是最美的期間。巡遊至此也可看到許多攝影愛好者帶著腳架，等待適合的光線捕捉美景。

　　遊客如果時間允許，不妨在公園內的小屋休息一下，點份點心，再搭配抹茶或咖啡，享受片刻的悠閒。

　　紅葉谷公園緊依著一條山間的溪谷，透過樹葉可以隱約看到對岸有幾棟獨立的老屋，為四星級旅館「岩惣」的獨棟房。這裡共有4棟建於大正至昭和初期的房間，可接待2～4位客人入住，1泊2食的價格從每人¥33,000起。若能在房間欣賞楓葉、享受在地美食與溫泉，應該是一大享受！岩惣曾接待過3位日本天皇，是宮島上低調而高雅的老牌旅館。

　　順道一提，為方便遊客搭乘宮島纜車，從岩惣門口到纜車的山麓站之間，會有免費接駁巴士來回行駛，讓遊客省點力氣，直接繞過紅葉谷公園，每15分鐘發1班車。

　　如果是在楓紅季節來此，牛奶杰建議讀者在楓林間散散步，美景絕對值得。

1 岩惣門口到纜車站有免費接駁巴士　2 楓葉期間登島別錯過紅葉谷公園　3 岩惣是宮島的老牌旅館

宮島纜車與彌山
宮島ロープウエー、弥山
搭纜車深入原始林區

✉ 広島県廿日市市宮島町紅葉谷公園 ☎ 0829-44-0880 ⏰ 12月～隔年2月09:00～17:00, 3～10月09:00～17:30, 11月08:00～17:30 💲 大人單程¥1,000、去回程¥1,800(兒童皆半價) ➡ 由宮島棧橋徒步約22分鐘 ⏱ 60分鐘 http miyajima-rope-way.info

由紅葉谷公園再往山上走，就進入了彌山原始林的範圍。

彌山的山頂高度有海拔535公尺，為宮島的頂峰。遊客可循著登山步道挑戰登頂，共有7條路徑。攀登過程以往被視為修練的一環，山林裡的古剎則為佛教的靈場。由於信仰之故，彌山山區鮮少人為開發，因此保有較為原始的風貌。

從紅葉谷公園徒步上山約需2小時，下山起碼也要1小時。所幸遊客可以搭纜車(宮島ロープウエー)前往山上的獅子岩站，再開始徒步登山。纜車建議直接購買去回兩趟。

纜車全程會分兩段行駛，抵達獅子岩站後附近有一些巨石景觀，也可眺望不遠的彌山頂峰。由此到「彌山本堂」與「靈火堂」仍需在山徑徒步約20分鐘，到山頂

為30分鐘，對體力也有一定程度的挑戰喔！

彌山本堂與靈火堂由佛教弘法大師空海所創，約始於西元806年。或許是為肯定情侶們相偕登上山峰的決心與毅力，因此彌山本堂被列為戀人聖地。能一起爬上山而不翻臉，想必真的很有包容力。

靈火堂當中的「不滅之火」據稱由空海點燃至今超過1,200年未曾熄滅。廣島和平公園中的「和平之燈」，也是引不滅之火點燃的。

1 從獅子岩站眺望彌山頂峰 **2** 彌山本堂相傳由弘法大師空海所創 **3** 挑戰山上的步道需要費些體力 **4** 第一段的小型纜車 **5** 第二段的大型纜車

參道老街
連結渡輪棧橋與神社的熱鬧街道

Data ⏰24小時開放 ➡宮島棧橋步行1分鐘 ⏱60分鐘

抵達宮島後，若有預約入住島上的傳統旅館，接待人員可能會來棧橋迎接。大多數遊客則會右轉朝神社方向步行，距離約500公尺。由棧橋到神社之間的參道主要有兩條，一條靠海邊、另一條靠較靠內陸。由於空間規畫之故，通常人潮會自然地沿著海邊往神社，回程時再走較為熱鬧的內側參道。

內側參道有許多店鋪，最熱鬧者莫過於楓葉饅頭與烤牡蠣的生意，也有許多可坐下來的餐廳。木頭飯匙有吉祥平安的寓意，也常作為宮島的伴手禮。

1 靠海側的參道有海景相伴 2 神社參道集合了許多店家

星巴克咖啡嚴島表參道店
スターバックス厳島表参道店
日本第一家搭船才能到的星巴克

Data ✉広島県廿日市市宮島町459-2 ☎0829-40-2205 ⏰09:00～20:00 💲咖啡約¥300起 ➡由宮島棧橋徒步約7分鐘 ⏱30分鐘 www.starbucks.co.jp/store/search/detail.php?id=1354

來自太平洋彼岸的美人魚，在2017年底游上了宮島，在參道大街的末端開設了咖啡門市。它開幕時號稱這是「日本第一間得搭船才能到的星巴克門市」！

如果屏除離島地區，從本州觀點來看，到宮島門市的確必須先搭一段渡輪沒錯。正因為鄰近海邊的特點，在門市2樓的靠窗座位也有舒適的沙發與矮桌，能眺望瀨戶內海景致。

取材時在門市雖然沒看到宮島專屬的周邊商品，但在此購得的「廣島隨行卡」卻是當時在廣島其他門市沒見到的款式，也算有特別收穫。喜歡美人魚咖啡的星粉們，路過宮島門市不忘進門打聲招呼吧！

在星巴克旁有間啤酒坊，以精釀宮島啤酒著稱，海報設計得相當可愛，亦推出易開罐的產品。

1 在宮島門市購得廣島特色的隨行卡 2 精釀啤酒的逗趣廣告引人注意 3 宮島門市號稱得坐船才能到達的星巴克

延伸行程：岩國

岩國市的人口約 13 萬人，為山口縣東部的主要城市。它雖然已是廣島隔壁縣分的鄰居，但就生活圈而言跟廣島的關係非常緊密，對造訪廣島的旅人而言，也很適合抽些時間到岩國順道一遊。

岩國當地最著名的景點，就屬「日本三名橋」之一的錦帶橋，以及周邊的岩國城和吉香公園等處。因成為「國宴酒」而聲名遠播的「獺祭」，則是源自本地的旭酒造，是除了傳統的岩國壽司外另一重要名產。

值得一提的是，岩國當地的飛行場 (岩國錦帶橋機場) 是日本海上自衛隊與駐日美軍 (美國海軍陸戰隊) 共同使用的岩國基地。且由於廣島、宮島會吸引不少西方觀光客造訪，所以在此見到西方臉孔者的機會遠高於許多日本大城。岩國基地早年曾有往來台北松山機場的國際航班。

岩國市街地圖

1 錦帶橋為日本三大名橋之一 2 錦帶橋空港坐落於美日共用的軍事基地中 3 岩國的「獺祭」因擔任國宴酒而聲名大噪 4 錦帶橋與岩國城可說是岩國的觀光代表

岩國交通

JR

從廣島前往岩國，搭乘JR山陽本線的列車，於JR岩國站下車即可。在行程安排方面，有許多玩家會將宮島與岩國排在同一天，走起來算是順路。由JR宮島口站搭普通列車至岩國僅需23分鐘左右。

不過這樣會壓縮到雙方的時間，尤其是對在宮島想體驗滿潮與乾潮的鳥居，或是會搭纜車上彌山的遊客，時間得抓比較緊！

JR山陽新幹線設有JR新岩國站，停靠Kodama號列車，車次約1小時1班，如果時間配合得上，由此前往錦帶橋一帶也算是很方便的。

巴士

從岩國站下車後，要前往錦帶橋、岩國城、吉香公園一帶，都得再轉搭岩國巴士（いわくにバス）的路線巴士。前往錦帶橋時，可搭目的地為錦帶橋、新岩國站、千石原、大藤 梅が丘，以及北河內站等方向的班車。讀者如果不敢肯定巴士方向，也可由車側的LED顯示板確認，或詢問駕駛員。下車站牌就稱為「錦帶橋」，有木結構搭建的候車亭，由此步行到錦帶橋僅50公尺。

🚌 ....

去程候車處：由車站西口出來的左側，有一棟矮小的巴士站，於2號站牌上車
回程候車處：錦帶橋巴士中心（錦带橋バスセンター）兼遊客中心（於下車站牌對面的兩層樓建築）
車資：¥300（兒童半價）
付費方式：現金，部分班次可使用ICOCA與PASPY
車程：20分鐘
車次：日間每小時約有4～6班車

....

錦帶橋周遊券
費用：大人¥1,540，兒童¥750
服務內容：含巴士往返車資、錦帶橋往返過橋費、岩國城纜車往返費、岩國城入場費
購票地點：周遊券在觀光案內所的櫃台發售。在西口出來後的右側（與乘車位置相反），步行經過便利商店與一座樓梯後，便可見到站前的觀光案內所。

....

🔘 小提醒 ◀

關於候車處
JR岩國站於2017年底啟用第四代的新站房，周邊環境改建工程預計2019年夏季完成，候車位置屆時可能會有調整。讀者造訪時請再次確認。

錦帶橋巴士中心設有投幣式置物櫃，方便遊客暫存行李。

----

1 新落成的岩國站站房逐步啟用 **2** 往來岩國可搭山陽本線的普通列車 **3** 新岩國站班次較少，運用時得抓好時間

島耕作代言

　　在岩國市出身的名人中，以《島耕作》系列漫畫的作者弘兼憲史最為知名。先前由交通局經營當地巴士的階段，曾獲得授權使用島耕作的圖像為地方代言宣傳，而在 2003 ～ 2013 年間推出過「島耕作巴士」，在網路廣泛流傳。現由特殊塗裝的「錦帶橋巴士」（錦帯橋バス）與「おはんバス」，與復古造型的「いちすけ号」等車輛接班。

1 從岩國站往錦帶橋需搭一段路線巴士 2 4 島耕作過去也曾為岩國觀光代言 3 從岩國站往錦帶橋需搭一段路線巴士 5 自動售票機的「盒裝車票」相當特別 6 在錦帶橋旁設有一處巴士中心 7 巴士的售票處與觀光案內所合設

錦帶橋

錦帶橋
源自江戶時代的三大名橋

Data

☎0827-29-5107(錦帶橋課)　⏰24小時開放　💲往返¥300(兒童半價)；套票(セット券)：大人¥940、兒童¥450(含來回過橋、兩趟纜車、岩國城入城)
🚌JR岩國站搭路線巴士至「錦帶橋」，徒步1分鐘
⏱20分鐘　http kintaikyo.iwakuni-city.net

1

「錦帶橋」橫跨於錦川之上，最早一代建於1673年，由岩國藩的第三代藩吉川廣家主導建造。橋梁全長193公尺，寬5公尺，是有4座橋墩、5次跨越的木造拱橋。據說橋梁本身結構不使用任何一根釘子，而被封為「日本三名橋」或「日本三大奇橋」，但目前為固定橋體表面供人踩踏的木板，仍用了鐵釘。

在此之前，岩國藩也多次嘗試在此架橋，但結果履試履敗，難敵頻繁出現的颱風與大水，直到拱橋結構的錦帶橋落成，狀況才獲得改善。不過第一代的錦帶橋在1673年建成之後8個月仍毀於洪流，改良過的第二代於1675年落成，終於屹立將近300年至1950年，才毀於颱風。

第三代的錦帶橋從1953年接棒，目前看到的它則為斥資日幣26億元於2004年完成整修的成果，可算是第四代錦帶橋。

遊客如果注意到錦帶橋的橋墩，會發現其外形在上下游兩側都呈尖尖的三角形，如此設計是為了減緩水流的衝擊，保護橋體結構。橋底下的河床有人工的石頭鋪面，據說也有緩和水流的功效。

儘管這座橋已經轉世好幾次了，不過每次的更新原則上都保持了當時的工法與外貌，也藉此讓蓋橋的木工古法技術都能保存下來。單是

2

順道一提，岩國錦帶橋當初的建築技術，曾向杭州西湖的工匠取經，而西湖也有座錦帶橋，兩者已締結為姊妹橋。

1 錦帶橋的兩端都有收費亭 **2** 為維護這座橋，岩國市政單位設有專屬課室 **3** 錦帶橋為日本傳統木工技術的結晶 **4** 錦帶橋在日本具有全國知名度 **5** 錦川的溪水相當清澈

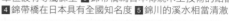

2001～2004 年間進行的翻修作業，為了備好 6 種需要的木材，除了山口縣本地，工程單位南從鹿兒島縣、北到青森縣，在全國各地花了 7 年時間才找齊。當局如今打算培養一座錦帶橋專用的森林，以確保修橋材料的一致性。

如果要仔細探究各代錦帶橋的異同，在流水通過範圍的第二橋、第三橋，與第四橋等 3 座拱橋，彼此的長度以往稍有不同，長短差距幅度在 0.7 公尺內，如今則統一為 35.1 公尺；但 3 者離水面的高度還是有略有差異。

為了維護這座橋，岩國市的市政單位還特地設有「錦帶橋課」，由此可見其重要性。錦帶橋課下轄管理班、保存班，以及推動讓錦帶橋納入世遺名單的世界遺產推進班。

錦帶橋僅供行人徒步通過，且得徵收過橋費用。其實過橋費也是傳統工藝技術的維護費用，付出相當值得。

岩國城纜車
岩国城ロープウエー
鳥瞰錦川周圍景色

📞 0827-41-1477 🕐 09:00～17:00（每0、15、30、45分出發） 💲大人單程¥320、往返¥550、兒童單程¥150、往返¥250 ➡JR岩國站搭路線巴士至「錦帶橋」，徒步11分鐘 ⏱3分鐘 🌐kankou. iwakuni-city.net/ropeway.html

1 纜車全程費時約3分鐘 2 纜車的山麓站緊鄰吉香公園

岩國城建於海拔約200公尺的橫山上，遊客想造訪可以循著步道登山，也可以搭乘「岩國城纜車」輕鬆登頂。

纜車於1963年3月啟用營運至今，纜繩長度為412公尺，費時需3分鐘。車廂可搭載30名乘客，每隔15分鐘發1班車。

纜車搭乘地點的山麓站位於吉香公園後方的山腳下，附近還有「岩國美術館」，門口展示著兩輛改良款的木炭汽車，感覺相當稀奇。山頂站距離城堡大約還有300公尺，車站本身的音樂鐘會定時表演。

佐佐木屋小次郎商店
佐々木屋小次郎商店
165種口味的霜淇淋任你選

✉山口縣岩国市橫山2-5-32 📞0827-41-3741 🕐09:00～19:00 💲冰淇淋約¥300起 ➡JR岩國站搭路線巴士至「錦帶橋」，徒步7分鐘 ⏱15分鐘 ❗錦帶橋上禁止飲食

位於吉香公園正面出入口的「佐佐木屋小次郎商店」，同樣吸引著遊客目光。

這家小店鋪以同時販售高達165種口味的霜淇淋而聞名，號稱為日本最多口味的霜淇淋店。除一般常見的香草、巧克力、草莓，與抹茶外，還有許多較為少見的口味，等著讀者試試。

牛奶杰自己試了布丁口味，比預期好吃，看來小次郎不單以「冰海戰術」取勝，而是果真具有一定的實力。開在小次郎斜對面的霜淇淋店，同樣打出百種口味一起拼場，而且名稱就叫「むさし」（武藏），看來雙方的對決仍沒完沒了呢！

1 琳瑯滿目的口味，對有「選擇障礙」的旅人可能有點困擾 2 吉香公園旁的小次郎商店

吉香公園
由神社庭園變成城下的綠地公園

① 24小時開放 ⑤ 免費參觀 ➡ JR岩國站搭路線巴士至「錦帶橋」，徒步7分鐘 ⑥ 30分鐘 http kank-ou.iwakuni-city.net/kikkoukouen.html MAP P.00

步行通過錦帶橋後，就進入「吉香公園」的範圍了。該腹地昔日為岩國城的城下區域，設立了吉川家的神社(吉香神社)。原本的神社庭園在1968年的都市計劃中確立作為公園使用，發展成現今的風貌。

吉川廣家是毛利家的成員，毛利家在西元1600年決定天下的「關原之戰」因選錯邊遭懲處，被迫縮減領土範圍，吉川家於是跟著被改封至岩國。公園入口處的銅像，就是第三代藩主吉川廣家。

園內目前還有吉川史料館、錦雲閣，與加田家住宅等設施。此外由於這裡曾當過岩國高等學校的校地(前身為藩校)，因此還有座岩高紀念館。吉香公園與錦帶橋如今同列入日本百大賞櫻名所。

1 公園中的吉川史料館 2 吉香公園與錦川兩岸也是賞櫻勝地 3 錦雲閣的設計跟城堡的櫓(櫓，日本城堡建築中的箭樓、望樓或高台)有關

豆知識　佐佐木小次郎像

佐佐木小次郎真有其人，是日本戰國時代的劍術家，創設「巖流派」，曾在小倉藩擔任劍術指導者。

不過關於他的詳細史實記載不多，最常被後世津津樂道的事，莫過於1612年左右與宮本武藏在小倉藩舟島進行對決，且敗戰而死的一幕。舟島位於山口縣下關市的海岸邊，後世將其改稱為「巖流島」。

關於佐佐木小次郎的出身之處，沒有一致說法。曾有小說認為他就是在錦帶橋邊觀察柳葉與燕子的互動，而發展出巖流派的「飛燕返」劍法。因此如今在錦帶橋附近，也立了一尊佐佐木小次郎的銅像呢！

公園內有尊帥氣的佐佐木小次郎像

岩國城
江戶初期短暫存在的城堡天守

☎0827-41-1477 ⏰09:00～16:45(最後入館 16:30) 💲大人¥260、小學生¥120 ➡岩國城纜車 山頂站,徒步1分鐘 ⏱45分鐘 http kankou. iwakuni-city.net/iwakunijyo.html

吉川家被移封到岩國後,初代藩主吉川廣家決定在橫山上興建城堡。山腳下的錦川在此處是一道回頭灣,讓城堡擁有3面環水的地形優勢,條件難得。

城堡與天守於1608年完成,是四重五階的結構,也就是外觀看起來只有4層大屋頂、內部其實有5層的結構。一般認為這是不想惹怒德川幕府(已於1603年創設)的設計。

不過德川幕府創建沒過多久,完成一統天下之後,便頒布了「一國一城令」,要求各國原則上只能保留1座主城,以削減各地兵力和對幕府中央的威脅。因此「岩國城」只存在短短7年的時間便被刻意拆除。

遊客如今看到的城堡,為昭和時代的1962年用鋼筋混凝土重建,作為觀光用途,如今已列為「日本100名城」之一。天守的位置基於「讓山下容易看到、更方便與錦帶橋同框合影」考量,向南挪移了約30公尺的距離,並非於原址重建。

岩國城天守的視野很好,能輕易俯視山腳下的錦帶橋,天氣好時也能望見7公里外的岩國基地塔台,甚至是海面的瀨戶內海島嶼。

至於當年岩國城被拆除後,吉川家就改於山底下的土居治理藩政,持續了兩個半世紀,這種「平時在山下執政、戰時上山天守死守」的作法,在戰國時代是十分合理的,直到明治維新階段廢藩治縣為止!

1 從岩國城天守眺望錦帶橋 2 現在的岩國城是於昭和時代重建 3 原本的天守台 4 為方便與錦帶橋合照,天守重建的位置是調整過的

延伸行程：松山

松山為四國最大城與愛媛縣的縣治所在地，這裡的自然風光與人文歷史觀光資源都很充足，與廣島雖然隔著海峽相望，但透過陸路與尾路的連結，彼此關係緊密。

松山vs.高松的關係，跟廣島vs.岡山有些相似，是彼此在區域發展上的競爭夥伴，4座城市皆為環瀨戶內海之旅時，別錯過的地方喔！且由於同名影響，松山市和台北松山有諸多交流，是非常歡迎台灣旅人之處。

若由松山延伸，搭「伊予灘物語號列車」造訪下灘車站與大洲城、去四萬十川的下沉橋騎單車與划獨木舟、到別子銅山見識亞洲的馬丘比丘，或前往今治挑戰島波海道全程。這些行程也都非常吸引人喔！

松山市街地圖

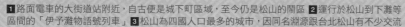

1 路面電車的大街道站附近，自古便是城下町區域，至今仍是松山的鬧區 **2** 運行於松山到下灘等區間的「伊予灘物語號列車」 **3** 松山為四國人口最多的城市，因同名淵源跟台北松山有不少交流

松山交通

渡輪

廣島與松山隔著瀨戶內海彼此相望,所幸兩者之間有方便的船舶聯繫,使得松山很適合作為廣島延伸旅遊地點。

從廣島前往松山,可搭廣島電鐵的1、3、5號系統至終點廣島港站下車,車站與候船處共構,至窗口或利用售票機購買船票,即可搭船前往松山。

往來廣島與松山的船班,分為高速船與一般渡輪,雙方比較如下:

高速船vs.渡輪
(＊資訊時有異動,請依官方公告為準)

船隻	時間	大人費用	小孩費用	每日班次	備註
高速船	68分鐘	¥4,970	¥2,490	12趟往返	使用JR西日本「西遊紀行瀨戶篇」可免費搭。有單車同行者,拆解裝入攜車袋可免費
渡輪	160分鐘	¥2,520	¥1,260	10趟往返	載單車免拆,需另收費¥430

備註:上述費用為外國遊客優惠價,約為原價的7折。大部分的渡輪以及半數的高速船,會在中途停靠吳港。

巴士、火車

抵達松山觀光港後,可搭伊予鐵道的「利木津巴士」(リムジンバス)直接進入市區,玩家常用的下車點以JR松山站、伊予鐵道的松山市站、道後溫泉3處為主。

利木津巴士停靠站

站名	JR 松山站	伊予鐵道的 松山市站	道後溫泉
車程	20分鐘	26分鐘	43分鐘
大人車資	¥610	¥660	¥770
小孩車資	¥310	¥330	¥390

(＊資訊時有異動,請依官方公告為準)

旅客也可以選搭接駁巴士至伊予鐵道的高濱站(2分鐘,¥100),再轉電車進城。高濱站的站房本身就是古蹟,也曾作為《破案天才伽利略》系列電影《真夏方程式》(真夏の方程式)的重要場景,隔壁的梅津寺站也是經典日劇的場景。

1 往來於廣島和松山間的石崎汽船 **2** 高濱站為電影取景地點 **3** 松山觀光港有船班往來廣島與小倉等地 **4** 由高濱站到松山觀光港之間有接駁巴士行駛

路面電車

遊客在松山地區遊玩，最常仰賴的交通工具應該就是市內的路面電車了！

松山本地的鐵路服務，發展時間比國鐵路網連結到松山還早，現由私鐵業者「伊予鐵道」統籌提供服務，路網大致可以分為松山市到周邊市郊的郊外線火車(類似台鐵的服務)，以及市區街頭的路面電車兩方面。彼此可以在松山市站、大手町站，與古町站等 3 處互相轉乘。

路面電車現有 5 套服務系統，遊客最常利用的應該是串連道後溫泉、大街道，與 JR 松山站的 5 號線。而由伊予鐵道與星巴克咖啡合作、世界難得一見的「星巴克電車」，則會服務於道後溫泉、大街道，至松山市站的 3 號系統。而 1 號線與 2 號線為環繞松山城的環狀線，兩者路徑相同，但為不同方向。

松山街頭的路電，除了傳統的古早電車與新銳的低底盤車輛之外，還有非常特別的「少爺列車」(坊っちゃん列車)。其前身為郊外線使用的小型蒸汽火車頭，因於日本文豪夏目漱石的小說《少爺》(坊っちゃん)現身而聲名大噪。

老火車頭年邁退休後，伊予鐵道另外打造外型相仿、但為柴油動力的復刻版搭載遊客，讓大家體驗近百年前夏目漱石搭著小火車前往道後溫泉的風味！

1 伊予鐵道的新世代低底盤路面電車 2 傳統款式的路面電車 3 與星巴克合作企劃的路面電車 4 復刻上路的少爺列車

道後溫泉
3,000年前就有記載的日本古泉

Data ⊠ 愛媛県松山市道後湯之町5番6号(資訊皆為道後溫泉本館) 📞089-921-5141 🕐06:00～23:00，年中無休 💲泡湯成人¥410起，兒童¥160起 ➡路電「道後溫泉」，徒步5分鐘 🕐60分鐘 http dogo.jp

「道後溫泉」是松山地區的著名溫泉，位置就在市區當中，靠路電即可抵達，交通可說是全國數一數二方便。這座溫泉在3,000年前便有記載，與「神戶有馬」、「南紀白濱」並稱為三大古泉。

道後溫泉本館的建築，曾在夏目漱石的小說《少爺》中登場，因而家喻戶曉。《神隱少女》的湯屋據說也以它為藍本。本館建築雖然正在整修，但分館與周邊溫泉旅館的湯屋仍非常吸引旅人體驗。

路電的道後溫泉車站也是古蹟車站，伊予鐵道在翻修車站時，特地盡可能沿用原本的建

材，讓它與過往的風貌和諧一致。近年車站1樓開設星巴克咖啡，是美人魚粉絲們嚮往打卡的老屋門市。

從溫泉車站到溫泉本館的商店街富有本地特色，營業時間配合周圍旅館客人會較晚打烊，購物逛街都非常享受呢！

[1] 坊間常認為《神隱少女》的湯屋也參考了道後溫泉 [2] 儘管《少爺》中並未真的提到道後溫泉本館，但其描繪的場所無疑就是此地

梅津寺站
經典愛情故事在此永流傳

Data ⊠ 愛媛県松山市梅津寺町 📞089-951-0487 ➡伊予鐵道高濱線梅津寺站 🕐15分鐘 http www.iy-otetsu.co.jp>電車‧巴士情報>駅‧停留所情報>梅津寺駅 ❓在車站月台活動請留意安全

梅津寺站是座緊貼著海岸的美麗小站，隔著欄杆就有吸引人的沙灘，天晴時的海灘景致不輸熱帶海島的度假勝地。

在日本偶像劇經典大作《東京愛情故事》(東京ラブストーリー)結尾，女主角莉香在海邊車站的欄杆繫上手帕，意味不再等待男主角完治。該經典橋段的取景地點就是在此，儘管已經是超過20年的作品，但至今在月台上，仍然會見到手帕喔！

在車站外的梅津寺公園內，保存著「少爺列車」正宗的1號老火車頭。另一邊設有職業足球隊的練習場，常會有關心球員的粉絲駐足。

《東京愛情故事》已謝幕多年，但劇末的經典場景仍長保於粉絲心中

松山城
保有完整現存天守的山頂城堡

Data | ✉ 愛媛県松山市大街道3丁目2-46 ☎089-921-4873 🕐09:00～17:30(各月略有差異，前往參觀前請見官網公告) 💲天守大人¥510，小學生¥150 🚃路電「大街道站」，徒步5分鐘至纜車站 ⏱60分鐘 http www.matsuyamajo.jp

　　松山城天守閣為日本12座「現存木造天守」之一，整座城堡共有21項國家的重要文化財，聯立式天守結構完整，是日本城堡界的經典範例，很有看頭。

　　松山城山腳下的路電「大街道站」一帶，往昔為城下町，如今仍是松山的鬧區，有「松山銀座」的別號。

　　一旁巷弄中的「萬翠莊」與「坂上之雲博物館」也很值得一探，館舍為宣揚司馬遼太郎的小說與同名大河劇《坂上之雲》(坂の上の雲)所設，設計者為安藤忠雄。這座博物館同時吸引小說迷、戲劇迷，與建築迷簽到打卡！

1 **3** 松山城的天守閣在火災重建後，為現存12座木造天守當中最年輕的 **2** 萬翠莊是過去藩主款待貴賓所建的迎賓館

旅遊情報

　　出國在外不比在國內，就算日本這個國家再便利，有些東西遺失了或是事前未準備齊全，是真的會有大困擾，像是證件、日幣兌換、打電話等問題，為了讓旅遊萬無一失更開心，就跟著牛奶杰為自己做最後的 check 吧！

證件

護照

　　護照是旅人在海外時的身分證明，是非常重要的！

　　申辦護照請洽外交部領事事務局，初次申請時得親自到場驗證為本人，或透過各地戶政事務所驗證再轉交代辦。

　　所需要的文件及費用為：

1. 身分證正本與正反面影本

2. 申請表 (現場填或網路下載先填好)

3. 兩張白底大頭照 (規格要求很嚴，建議請照相館拍攝)

4. 繳 1,300 元規費

　　領務局會依拼音辦法擇定姓名的英文字母。若有急用，在取得護照前可依此拼音字母先訂機票或其他預約。待退軍人亦可申辦護照，無需等待退伍令。

　　外交部除了台北市的本部，在中、南、東，與雲嘉地區亦有辦事處，並於週三晚間延長服務時間。詳情可查詢：www.boca.gov.tw/np-13-1.html

申請過程若無排隊人龍，應可於 15 分鐘內完成。製發護照一般要 4 個工作天，急件可付加急費縮短時程。

旅外時，護照正本應隨身帶著，牛奶杰自己另習慣於雲端硬碟存加密掃描圖檔，以備不時之需。

申請護照一般要 4 個工作天，請盡早辦理

簽證

憑中華民國護照目前得以觀光、考察，與洽商等短期滯在目的入境，享 90 天免簽證待遇 (即不用事先辦簽證)。但要注意 90 天不等於 3 個月，有逾期紀錄日後入境會有困難。該身分不准在日獲得薪酬。

免簽待遇准許 90 天的「短期滯在」，一定要準時離境

駕照日文譯本

若規畫在日本開車或騎機車，請先向全國各監理單位 (監理所或監理站) 申辦駕照的日文譯本。申請時需帶身分證與駕照正本，規費 100 元，申請當場核發，必要時可委託代辦。要留意這是「我國駕照的日文譯本」而非「國際駕照」(我國的國際駕照在日本無法使用)。

另提醒，我國駕照已不需定期換發，新駕照的效期欄以「--」表示無期限。而日文譯本上的效期是參照原駕照的記載 (畢竟是翻譯本)，讀者的駕照若仍有期限，不妨先換為無期限的新駕照，這樣日文譯本也跟著沒有到期日啦！

國際學生證與YH卡

國際學生證與 YH 國際青年旅舍卡在歐美算風行，但在日本的上場機會非常少。

相關經驗是持有「學生證」3 個漢字的我國證件，對方也接受；或學生折扣僅限日本學生，或有年齡限制，憑國際學生證也沒轍。而 YH 卡受制 HI 體系的青年旅舍數量偏少，功能受限。這些經驗供讀者參考，有需要者仍可申辦。

加入 HI 體系的青年旅舍在日本算少，免證件的類似選擇卻很多

小錦囊

辦駕照譯本請洽各地監理單位

● 交通部公路總局 www.thb.gov.tw
1. 查詢相關辦法：首頁>監理服務>駕照>國外駕照>臺日駕照互惠
2. 查詢各地監理單位：首頁>本局資訊>本局機關>監理機關

有規畫駕車行程者，記得要先取得駕照譯本

日幣

付費方式

人到國外，一定要有足夠盤纏支付各項費用，但這些旅費該怎麼帶，又該如何付呢？

刷卡、付現、旅行支票？

日本目前鮮少只收塑膠貨幣、完全拒絕現金的場合，因此付現仍是簡潔有力的方法。

若總天數短於 1 週、總旅費不高的行程，全部帶現金也無妨。日幣紙鈔面額大，幾萬元日幣依然很容易攜帶。唯現金請嚴加看管，返國往機場的車票錢與週轉金，不能全花光光喔！

遊客接觸的店家多半能刷卡結帳，為防萬一，最好是 Visa、MasterCard 與 JCB 卡各備 1 張。青年旅社能否刷卡請先確認！

信用卡在身，必要時還能在有國際組織標誌的 ATM 預借現金，直接領日鈔。惟請事先向發卡單位洽詢，開啟預借現金功能與設定密碼（pin code，通常是 4 碼）。部分無人工的電子設備刷卡付款時，也需 pin code 認證。

刷卡結帳時，有時店員會請顧客輸入密碼，該密碼就是 pin code。若未設定則可略過，改採國人較熟悉的簽名認證。

店員常主動提的另一個問題，則是要分幾期付款？

旅行支票在日本不太通行，若非必要建議以現金和刷卡為宜。

在台灣換錢

在台灣，合法的換錢方式是向金融機構辦理「結匯」，實務管道有好幾種。

貨幣交易的「匯率」數字有好幾個，銀行「賣」日幣現鈔給旅人時是依「現金賣匯」計算（通常是最差的一項）。銀行僅供應日幣紙鈔，1,000、5,000，與 10,000 日元面額皆有。日本店家一般都收 10,000 日元鈔票，不用先換太多小額紙鈔。

銀行只賣整張鈔票，匯率的零頭由新台幣補扣，當現金賣匯是 0.3210 時，每張 10,000 日元的鈔票，旅人得付 3,210 元台幣來「買」。

別對行員出難題說「我有 3,000 元台幣，幫我看能換多少日幣」，畢竟銀行沒辦法提供含硬幣的 9345.8 日元喔！

銀行結匯

台灣的商業銀行多可辦理結匯，甚至部分郵局也有該業務，不便跑銀行者亦可詢問鄰近郵局辦理。

有些店家會提供多元付費管道，但一般仍以現金付費

台灣的主要商銀與部分郵局有結匯業務，可就近辦理

機場換匯

　　機場的銀行櫃台也可結匯，匯率相同，但會收 100 元台幣手續費，非優先建議的選項。

機場的銀行櫃台亦可匯兌，但得負擔一筆手續費

透過網路線上結匯

　　除了直接到銀行臨櫃換錢，先上銀行官網辦「網路結匯」，再到自己挑的分行取現，匯率會好一些。讀者若想在機場櫃台取款，得指定正確的航廈，並注意營業時段。尤其是搭紅眼航班者，可別該登機了卻還在等行員上班喔！

透過銀行官網先辦線上結匯，再到機場取日幣也很方便

外幣提款機

　　兆豐銀行與幾家銀行，在國際機場或部分縣市的分行設有外幣提款機，讓使用者從 ATM 直接領日元現鈔，24 小時皆可取得外幣，亦能跨行提領。目前本服務免手續費。

對忙碌的玩家而言，外幣提款機是方便的換錢取現管道

電話

以電話打回台灣

　　讀者如有需要，可在日本以公用電話或市內電話打回台灣。台灣的國碼為 886，區域號碼第一碼的 0 記得不要撥，否則無法接通。另外提醒，國內的免付費服務熱線可能不接受從國外撥號，需格外留意。

以公用電話打回台灣

　　日本的公用電話接受 ¥10 或 ¥100 硬幣投現，或本地售出的電話卡，請在提取話筒後先投幣或插卡再撥號。至於從海外先買預付電話卡，再到當地撥號轉接的方式已相當罕見，不建議使用。

　　不過並非每部公用電話均開放直撥國際電話，使用者可留意左上角的橘色螢幕，是否顯示為可打國際電話。至於何處能找到可直撥的話機？機場、車站，與飯店等公共場所通常可以，但有時仍得碰點運氣。

　　從公用電話打國際電話時，要比市內電話多按一個電信公司碼 (NTT 為 0033、KDDI 為

001、SoftBank 為 010），不同電信業者的話費稍有不同。

撥號項目為：電信公司碼＋國際冠碼＋國碼＋區域號碼 (免撥 0)＋電話號碼

以使用 NTT 打到 02-1234-xxxx 的門號為例，請按 0033-010-886-2-1234-xxxx

以使用 NTT 打到 0912-345-xxx 的門號為例，請按 0033-010-886-912-345-xxx

NTT 的話費依不同撥號時段有異，¥100 約可講 32 ～ 47 秒。KDDI 為 28 秒。

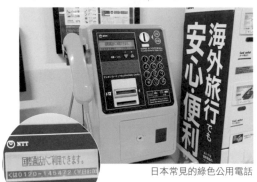
日本常見的綠色公用電話

螢幕有「國際通話」字樣，表示本機可直撥海外

以市內電話打回台灣

撥號項目為：國際冠碼＋國碼＋區域號碼 (免撥 0)＋電話號碼

以打到 02-1234-xxxx 的門號為例，請按 010-886-2-1234-xxxx

以打到 0912-345-xxx 的門號為例，請按 010-886-912-345-xxx

如果讀者是從飯店房間撥打，先頭要再加上由飯店撥外線的號碼。退房時，記得要向飯店人員結清電話款項。

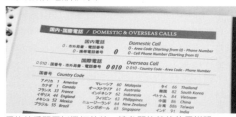
用旅館房間電話撥打外線，請參閱旅館的使用説明

行動電話漫遊
漫遊方法

電信業者一般皆會預設開啟客戶的行動電話通話漫遊 (用手機講電話的功能)，不用再另外申請。

漫遊期間無論撥打或接聽通話，均得再加上一筆日本當地業者的收費，所以話費會較高。發簡訊也有額外費用，不過收簡訊是免費的。顧客若有疑慮，或想關閉該服務，可在出國前再次向業者確認。

以行動電話打回台灣

自己帶去日本的手機若處於漫遊環境，且有收到訊號，當然可以直接撥打國際電話。

以打到 02-1234-xxxx 的門號為例，請按 +886-2-1234-xxxx

以打到 0912-345-xxx 的門號為例，請按 +886-912-345-xxx

「＋」這個符號是打國際電話的意思，請長按 0 的按鍵便會跳出該符號。

以行動電話聯絡同行友人

同伴走散需以行動電話聯繫，撥號方式跟上述撥打台灣手機門號相同：+886-912-345-xxx。

即便沒租購分享器或 SIM 卡，必要時仍可藉由手機漫遊連絡，或協助定位自己的位置

郵寄

　　從國外寄信或明信片給朋友或自己，是許多人分享與保留旅情記憶的方法。

　　日本除了觀光名勝的店家會賣風景明信片，各都府道縣的郵便局，也會發售本地限定的專屬明信片，圖樣會選擇該地的名產或名景，明信片外型也跟著圖樣各自不同，呈不規則形，而非一般方方正正的長方形，值得收藏。

　　從日本將明信片寄到國外的費用是￥70，遊客可在郵便局、便利商店，或香菸小舖購得郵票(日文稱為「切手」)。但國內郵件沒有￥70這等郵資，一般店家的單張郵票，面額最接近者為￥82。

　　特殊造型明信片非傳統的方正規格，寄往國外時需以信件方式處理，亦即讀者請自行外加信封，並支付信件的郵資￥220(部分郵便局人員會以定形郵件受理，僅￥160)。

　　貼足郵資的海外明信片與信件，可投入一般郵筒交寄，通常在公共場所或 JR 車站門口能找到郵筒。機場的管制區可能沒有郵筒，請在入關前把握機會將郵件寄出。

　　順道一提，日本的郵便局也常與各種廠商合作推出聯名商品，或郵便局本身的原創商品，在選購特殊明信片時如果不小心，也會不自覺又買入其他紀念品囉！

1 寄國際郵件時，請貼足郵票投入郵筒右側藍字的收信口 2 日本的郵筒不算難找，車站門口(甚至月台上)常會設置 3 日本各都道府縣都有具地方特色的明信片(且不只一款)，往往只有當地才能買到，可作為旅行的紀念。不過若要將這些特殊造型的明信片要寄回台灣，通常會被要求加上信封，郵資也較高 4 傳統郵筒造型加上不同地方字樣的明信片，也是基本款的「在地限定」明信片的，許多市町城鎮都會有 5 制式的日本明信片 6 日本的郵票(切手)

岡山・廣島慢旅行 附：姬路・直島・岩國・松山　世界主題之旅131

作　　　者　牛奶杰
攝　　　影　牛奶杰

總　編　輯　張芳玲
編輯部主任　張焙宜
發想企劃　taiya旅遊研究室
企劃編輯　張焙宜、林孟儒
主責編輯　張焙宜
特約編輯　劉怡靜
封面設計　陳淑瑩
美術設計　陳淑瑩
地圖繪製　陳淑瑩

太雅出版社
TEL：(02)2882-0755　FAX：(02)2882-1500
E-MAIL：taiya@morningstar.com.tw
郵政信箱：台北市郵政53-1291號信箱
太雅網址：http://taiya.morningstar.com.tw
購書網址：http://www.morningstar.com.tw
讀者專線：(04)2359-5819 分機230

出 版 者　太雅出版有限公司
　　　　　台北市11167劍潭路13號2樓
　　　　　行政院新聞局局版台業字第五○○四號

總 經 銷　知己圖書股份有限公司
　　　台　　北　台北市106辛亥路一段30號9樓
　　　　　　　　TEL：(02)2367-2044／2367-2047　FAX：(02)2363-5741
　　　台　　中　台中市407工業30路1號
　　　　　　　　TEL：(04)2359-5819　FAX：(04)2359-5493
　　　E - m a i l　service@morningstar.com.tw
　　　網路書店　http://www.morningstar.com.tw
　　　郵政劃撥　15060393(知己圖書股份有限公司)

法律顧問　陳思成律師

印　　刷　上好印刷股份有限公司　TEL：(04)2315-0280
裝　　訂　大和精緻製訂股份有限公司　TEL：(04)2311-0221
初　　版　西元2019年9月1日
定　　價　399元

(本書如有破損或缺頁，退換書請寄至：台中市工業30路1號　太雅出版倉儲部收)

ISBN　978-986-336-338-5
Published by TAIYA Publishing Co.,Ltd.
Printed in Taiwan

國家圖書館出版品預行編目資料

岡山廣島慢旅行(附:姬路.直島.岩國.松山) /
牛奶杰作. -- 初版. -- 臺北市：太雅, 2019.09
　面；　公分. -- (世界主題之旅；131)
ISBN 978-986-336-338-5(平裝)

1.自助旅行 2.日本

731.9　　　　　　　　　　　　108010404

QR Code地圖隨身帶著走

岡山

P.63

常用水上交通路線圖

P.67

岡山市街地圖

P.82

津山市街地圖

P84

高梁市街地圖

P.98

倉敷市街地圖

P.111

兒島市街地圖

P.131

姬路市街圖

P.135

直島地圖

地圖QR Code
輕鬆掃！

廣島

P.146

廣島市街地圖

P.166

吳市地圖

P.184

尾道地圖

P.201

鞆之浦地圖

P.209

宮島島上地圖

P.217

岩國市街地圖

P.225

松山市街地圖

地圖QR Code
輕鬆掃!

填線上回函，送 "好禮"

感謝你購買太雅旅遊書籍！填寫線上讀者回函，
好康多多，並可收到太雅電子報、新書及講座資訊。

好康1

每單數月抽10位，送珍藏版
「祝福徽章」

方法：掃QR Code，填寫線上讀者回函，就有機會獲得珍藏版祝福徽章一份。

好康2

填修訂情報，就送精選
「好書一本」

方法：填寫線上讀者回函，並提供使用本書後的修訂情報，經查證無誤，就送太雅精選好書一本(書單詳見回函網站)。

＊同時享有「好康1」的抽獎機會

岡山·廣島慢旅行

https://reurl.cc/aOKdQ

＊「好康1」及「好康2」的獲獎名單，我們會於每單數月的10日公布於太雅部落格與太雅愛看書粉絲團。
＊活動內容請依回函網站為準。太雅出版社保留活動修改、變更、終止之權利。

太雅部落格 http://taiya.morningstar.com.tw
有行動力的旅行，從太雅出版社開始